**A frase na boca do povo**

COLEÇÃO **LINGUAGEM & ENSINO**

**A força das palavras** Ana Lúcia Tinoco Cabral
**A leitura dos quadrinhos** Paulo Ramos
**Leitura e persuasão** Luiz Antonio Ferreira
**Preconceito e intolerância na linguagem** Marli Quadros Leite
**Texto, discurso e ensino** Elisa Guimarães
**Verbo e práticas discursivas** Maria Valíria Vargas

*Conselho Editorial*
Ataliba Teixeira de Castilho
Felipe Pena
Jorge Grespan
José Luiz Fiorin
Magda Soares
Pedro Paulo Funari
Rosângela Doin de Almeida

Proibida a reprodução total ou parcial em qualquer mídia
sem a autorização escrita da editora.
Os infratores estão sujeitos às penas da lei.

A Editora não é responsável pelo conteúdo da Obra,
com o qual não necessariamente concorda. O Autor conhece os fatos narrados,
pelos quais é responsável, assim como se responsabiliza pelos juízos emitidos.

Consulte nosso catálogo completo e últimos lançamentos em www.editoracontexto.com.br.

# A frase na boca do povo

Hudinilson Urbano

COLEÇÃO LINGUAGEM & ENSINO
*Coordenação de Vanda Maria Elias*

*Copyright* © 2011 do Autor
Todos os direitos desta edição reservados à
Editora Contexto (Editora Pinsky Ltda.)

*Foto de capa*
Almeida Júnior, *Pescando* (óleo sobre tela)

*Montagem de capa e diagramação*
Gustavo S. Vilas Boas

*Preparação de textos*
Lilian Aquino

*Revisão*
Rinaldo Milesi

Dados Internacionais de Catalogação na Publicação (CIP)
(Câmara Brasileira do Livro, SP, Brasil)

Urbano, Hudinilson
   A frase na boca do povo / Hudinilson Urbano. – São Paulo :
Contexto, 2011.

   Bibliografia.
   ISBN 978-85-7244-658-7

   1. Comunicação oral  2. Fala popular  3. Linguagem e línguas
4. Português  5. Sociolinguística  I. Título.

11-07792                                                            CDD-469.1
              Índice para catálogo sistemático:
   1. Linguagem falada : Português : Linguística  469.1

2011

EDITORA CONTEXTO
Diretor editorial: *Jaime Pinsky*

Rua Dr. José Elias, 520 – Alto da Lapa
05083-030 – São Paulo – SP
PABX: (11) 3832 5838
contexto@editoracontexto.com.br
www.editoracontexto.com.br

*Um idioma é produto do povo, não um sistema artificial organizado na cabeça de quem quer que seja [...]. O povo é o nosso soberano mestre de linguagem: suas sentenças são sem apelação, e o uso tudo justifica.*

Mário Barreto

*Para Cida,*
*pela comunhão da vida*
*e de ideias*

# Sumário

Introdução ..................................................................9

O homem, o grupo social,
a comunicação, a linguagem ...........................13
   A linguagem verbal ............................................. 15
   As funções da linguagem ................................... 16

Aspectos fisiológico, linguístico
e psicológico da comunicação oral ................23

Níveis, modos e variedades de linguagem verbal ........27
   Norma e uso ........................................................ 34

Língua falada/língua escrita .............................41
   Língua falada e língua escrita
   quanto ao meio e quanto à concepção ............. 41
   Denominações/nomenclaturas ........................... 49
   A questão da contextualização e dos contextos ........ 52

Tipos de comunicação oral: a conversação ...... 57

## Língua falada e língua falada conversacional ...... 67

Características gerais ...... 71

Características específicas ...... 80

Características léxico-semânticas ...... 82

Características fonéticas ...... 95

Características morfossintáticas ...... 105

Características sintáticas ...... 114

## A frase oral ...... 133

Tipos e exemplário de frases ...... 149

## Comentários finais ...... 159

## Posfácio ...... 163

## Bibliografia ...... 167

## O autor ...... 171

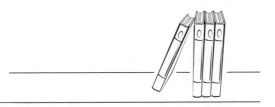

# Introdução

A frase oral é a unidade básica da comunicação, sobretudo daquela que ocorre por meio da conversação natural, frequentemente ocasional nas mais diversas atividades diárias da vida em sociedade. Este livro arrola, descreve e compreende usos linguísticos, representados por frases orais, espontâneas, populares e fenômenos implicados na sua formulação. É, portanto, uma abordagem da linguagem natural, em que a inteligência não desempenha mais que um papel de meio, ainda que importante. As frases orais são recursos que atendem, sobretudo, ao caráter afetivo e prático da linguagem.

Trata-se, pois, de *usos da linguagem e não de normas linguísticas*; observa-se a frase produzida para as mais diversas intenções comunicativas do dia a dia, sem preocupação gramatical ou com convenções linguísticas e até com formalidades sociais. Às vezes, porém, fica impossível não acenar para uma ou outra explicação ainda que superficial.

A preocupação é basicamente "descritiva", com vistas a inventariar e demonstrar os usos e os fenômenos de ocorrência frequente e regular na fala, sobretudo da fala conversacional urbana espontânea popular do cotidiano. Embora com parcimônia, faz-se necessário instrumentar as descrições com ferramentas teóricas, a fim de possibilitar a compreensão e a própria descrição. Também não haverá preocupação demasiada com conceitos e preconceitos, nem com nominalismos e rótulos.

Para as análises, optou-se por frases de *uso utilitário*, no sentido de textos produzidos com finalidade prática, em oposição a textos literários. É o que os psicólogos da linguagem chamam de *linguagem prática*, empregada para pedir, ordenar, comentar, informar coisas da necessidade diária.

| | |
|---|---|
| *Pode ser um café?* | *Pa-paGAio!* |
| *Me traga logo esse papel!* | *Pra chegar lá,* |
| *Que ideia mais besta!* | *é só dobrar aquela esquina.* |

Serão utilizados textos escritos que reproduzem o oral, isto é, o oral reproduzido graficamente. Vamos nos servir ocasionalmente da literatura de caráter popular, mas como fonte secundária, restrita e com ressalvas, por causa do seu caráter letrado, estilizado, elaborado, consciente e ficcional.

Os fatos foram observados empiricamente, mas estudados e apresentados com certa sistematicidade. Nesse sentido, este livro, ao arrolar fenômenos típicos da conversação, atende aos interessados que pretendem compreender melhor – e eventualmente explicar – o funcionamento da linguagem falada, conversacional, popular, seja para si, seja para o ensino, sobretudo para estrangeiros.

Muitas das situações, cenas comunicativas, diálogos e frases representam exemplos colhidos presencialmente nas ruas, nos metrôs, nos agrupamentos e filas à espera de ônibus e metrô etc. Essas produções orais foram testemunhadas em experiência pessoal diária ou relatadas por amigos e reproduzidas graças à memória individual e coletiva. Trata-se de uma verdadeira experiência frasal, isto é, observação específica de frases em situações comunicativas específicas.

Com efeito, se se ficar observando, de "ouvido ou orelha em pé", como fazem as lebres, as mensagens produzidas em situações naturais de fala, em conversas, TV, rádio etc., pode-se constatar a infinidade de frases e expressões feitas de cunho popular, produzidas e repetidas diariamente. Assim fizeram estudiosos no passado anterior ao gravador portátil e ainda fazem muitos compiladores da fala popular.

O que este livro propõe é pensar a comunicação da perspectiva da interação social, passando pela linguagem verbal (falada e escrita) até desembocar na frase oral. Para tanto, inicia-se conceituando e diferenciando a língua falada (em particular, a conversacional) e língua escrita. A língua falada será aqui caracterizada a partir dos próprios textos-exemplos.

Com certeza, muitas das frases podem soar inusitadas para certos hábitos de leitura de literatura linguística, ou quiçá ilógica, na visão da Gramática e da Lógica. Entretanto, as demais estão suficientemente previstas, direta ou indiretamente, na sintaxe tradicional. Parece-nos consistente, nesse sentido, o pensamento de Fiorin (2010), quando afirma: "a linguagem natural tem sua própria lógica, o que leva a que, no uso cotidiano, nem sempre se possam aplicar as leis da Lógica." Aplica-se, então, o que podemos chamar de "leis" ou "pressões da pragmática".

Às vezes, alguns exemplos podem aparentar certa superficialidade ou infantilidade. Mas uma consulta a dicionários e outras pesquisas sobre o assunto desfazem essa possível impressão, garantida que fica a verificação documentada de sua ocorrência. Certas transcrições usadas em poucos exemplos podem parecer estranhas, despropositais. É o caso, entre outras, da frase: *Taí, cara... num era u qui cê queria?* Entretanto, essas transcrições são fiéis a como os enunciados foram realmente oralizados. Os dicionários são ricos no registro de expressões, torneios e fórmulas populares, gírias etc. e não há aqui qualquer propósito de substituí-los; antes, de encarecê-los e recomendá-los. As próximas páginas oferecem um estudo sobre tais tópicos e demonstram, pelo arrolamento dos inúmeros usos, infinitas possibilidades de formulações, mas também as regularidades de processos e procedimentos delas, graças às quais, aliás, os falantes conseguem se entender.

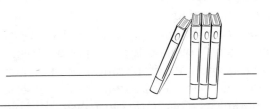

# O homem, o grupo social, a comunicação, a linguagem

Para viver em bando ou grupos sociais, como pessoas em convívio, cedo o homem sentiu necessidade e desejo – ou desejo e necessidade – de se comunicar. "O homem... obedece ao espírito gregário, é um ser que vive em bando, como os pássaros" (Martins Fontes, apud Ferreira, 2009: 1004). E o fez certamente por diversos caminhos e meios, criando um processo comunicativo e chegando à linguagem, à linguagem verbal.

Sem entrar em complexas teorias sociológicas e de comunicação, lembremos inicialmente que a tradicional *teoria da comunicação* entende que todo processo comunicativo real (utilitário, abstraído, pois, o ficcional) tem por objetivo a transmissão de uma mensagem, e compreende os seguintes elementos:

- o *emissor* ou *locutor* (Loc) da mensagem;
- o(s) *receptor(es)* da mensagem;
- a própria *mensagem*, que é o objeto ou informações a serem transmitidas;
- o *canal* de comunicação, que é a via de circulação da mensagem, a qual pode corresponder basicamente a um *meio sonoro* (voz, implicando boca e ouvido; música, ruídos etc.) ou *meios visuais* (letras, gestos, expressões fisionômicas – piscar de olho, rasgar um bilhete, acenar com a mão, imagens etc.);
- o *código* (conjunto de "signos" e suas regras combinatórias, que permitem as operações de *codificação* pelo emissor ou *decodificação* pelo receptor);
- o *referente*, que é constituído pelo *contexto* (linguístico ou cotexto), pela *situação* (ou contexto situacional) e pelos *objetos reais* aos quais a mensagem se refere.

Outrora, considerava-se um modelo linear, isto é, um emissor da mensagem e um receptor que a recebia, numa mão única de direção. Hoje em dia, fala-se num modelo circular, em que o receptor também é ativo, não só na sua "atividade" de compreensão, como também na de colaborador na produção da mensagem.

A noção de código implica a noção de signo, ou seja, a menor unidade dotada de sentido num determinado código. Compõe-se de um elemento material, perceptível, o *significante*, e um elemento conceptual, não perceptível, o *significado* (por exemplo, a palavra *mesa* pode ser ouvida ou vista, conforme seja pronunciada ou escrita: o som "mesa" e a forma gráfica "mesa" são significantes que remetem ao mesmo significado, o conceito de mesa, "objeto constituído por uma superfície plana sustentada por um ou mais pés"). O *referente* é o objeto ao qual remete o signo numa instância de enunciação, isto é, no momento da produção da mensagem: *Esta* mesa de jantar. O signo é convencional, no sentido de que entre o significante e o significado não há outra ligação senão a proveniente de uma convenção implícita ou explícita, entre os usuários de uma mesma língua.

Existem vários tipos ou canais de comunicação. Lembrem-se o telégrafo, a escrita, o som vocal, as imagens, os gestos etc. As comunicações acontecem por imagens, por sons, por grafia. São comunicações *verbais*, isto é, a linguagem verbal, feita por palavras, que inclui a paraverbal (entonação, pausas etc.); são comunicações *não verbais*, veiculadas por gestos, imagens etc. E nos primórdios da humanidade, havia por certo outros tipos e meios, como fumaça, tambor e, certamente, a comunicação vocal, como a fala dos tempos imemoriais ou equivalente.

## A linguagem verbal

A linguagem verbal se define inicialmente como uma atividade criada pelo ser humano, uma utilização da faculdade de exprimir, por palavras, estados mentais, de se comunicar com outros indivíduos. O que se chama linguagem verbal nada mais é do que a "fala original", historicamente falando. É o instrumento original e natural de comunicação entre os indivíduos. E é particularmente nesse sentido, sem que se desconsiderem, porém, suas outras funções, que a visualizamos neste trabalho. A linguagem verbal nasceu, concreta e organicamente, como fala (chamemos esta fala original de FALA 1), ou seja, sistema de sons de um lado e instrumento de comunicação de outro. Ela compreende não só o aspecto sonoro da emissão vocal e da sua associação em elementos simbólicos e significativos, que acontecem pelo que se chama de competência linguística do falante, mas também o aspecto da produção textual, isto é, a textualização, que se realiza graças a sua competência textual.

Depois, essa linguagem ou fala original, como um substrato, no sentido filosófico do termo, foi percebida e observada como sistema pelos teóricos, que o deduziram e o idealizaram. Assim, foi possível a descrição da *língua* (*langue* de Saussure), em razão do que foi ela alçada a um objeto virtual, abstrato e sistêmico (chamemos *língua-sistema*), cuja atualização e concretização acontecem como atividade linguística nas múltiplas e infindáveis ocorrências da vida do indivíduo. Essa atividade linguística, refere-se agora, então, à *parole* no francês de Saussure ou *discurso* no português de Camara Jr., cujo termo é o que melhor corresponde ao referido termo francês.

Essa *parole* ou discurso refere-se, portanto, à língua atualizada, num momento concreto, por um determinado indivíduo, quer como fala (FALA 2 ou simplesmente *fala*) (discurso oral), quer como *escrita* (discurso escrito). Daqui para frente falaremos preferencialmente em "discurso" como correspondente à *parole* saussuriana.

Esquematizando, teríamos:

---

fala original (FALA 1) --- > *langue* = **língua** (*língua-sistema*)
|
*parole* = *discurso*: **língua falada** ou
**discurso oral** (FALA 2)
**língua escrita** ou
**discurso escrito**

---

## As funções da linguagem

Com base nos seis elementos implicados no processo de comunicação, são conhecidas as seis **funções da linguagem**, definidas por Jakobson, a saber:

a) A **função emotiva** ou **expressiva**, centrada sobre o *eu* do emissor da mensagem, exprime sua atitude, emoções e sentimentos em relação ao conteúdo de sua mensagem e da situação. É manifestada, por exemplo, por interjeições, entonações características etc. Observe-se a manifestação de um pai diante do corpo de um filho recém-assassinado:

> *Minha vida acabou!*

Quanta coisa quer dizer essa frase, diante das circunstâncias em que – e como – foi proferida. Sirvam de exemplos expressivos ainda, entre outras, frases exclamativas, como:

| | |
|---|---|
| *Pobre homem!* | *Nossa, tio Zé!* |
| *Meu Deus!* | *Meu Jesus Cristinho!* (fala em novela de TV) |
| *Santo Antônio!* | *PA-pa-gai::o!* |

Essas frases foram produzidas diante das mais aflitivas situações e acontecimentos, as quais acabam por se constituir muitas vezes verdadeiros bordões individuais e identificadores de certas pessoas. As falas exclamativas emotivas, que traduzem explosões de sentimentos em geral positivos, podem revelar, às vezes, explosões emotivas de outros tipos, até obscenidades, vazadas nos chamados *palavrões*, censurados, ocasionalmente, por pessoas de comportamentos mais recatados e às vezes evitados por pessoas de formação e *status* superiores, que suavizam ou atenuam as ideias e/ou formas, consideradas desagradáveis ou grosseiras, por meio de eufemismos.

b) A **função apelativa** ou **conativa**, centrada sobre o *tu/vós* do(s) receptor(es). As manifestações linguísticas mais evidentes são os imperativos e vocativos:

> *– Ô Zé, olha meu carro novo. Olha só o molejo dele.*

Mas, também, registram-se outras estratégias. Confira-se a recomendação:

> *Caminhada já!*

c) A **função referencial**, também chamada pelo próprio Jakobson de **denotativa** ou **cognitiva**, centrada no contexto ou referente, como ficou entendido no início deste capítulo. Paralelamente ao *eu* da função emotiva e ao *tu/vós* da função apelativa, o referente representa o *ele/eles*, completando o esquema pronominal gramatical:

> *Ônibus destroçado na rodovia: 13 mortos.*

d) A **função fática**, centrada no contato, no estabelecimento e na manutenção do contato eu/tu por meio do canal de comunicação. Manifesta-se por palavras ou expressões pouco ou nada informativas, mas bastante eficientes em termos de contato, como:

| *Alô!* (ao telefone) | *Hum.* |
|---|---|
| *Está entendendo?* | *Hum hum.* |

Nos estudos analíticos da conversação, na medida em que são quase ou totalmente vazias de sentido, mas facilitadoras da comunicação, sobretudo na conversação, muitas dessas expressões são conhecidas como *marcadores conversacionais*, como se entenderá melhor mais adiante. Confiram-se os fáticos de contato e de despedida na frase:

> *Alô! O telefone teve novo aumento. Tchau!*

É admirável observar a sensibilidade de certos músicos-cantores em relação a essa função. Do "Sinal fechado", de Paulinho da Viola, transcrevemos o início:

> *Olá, como vai? / Eu vou indo, e você, tudo bem? / Tudo bem, eu vou indo, correndo, / pegar meu lugar no futuro.*

Por outro lado, Oswaldo Montenegro, talvez inspirado no próprio "Sinal fechado", no seu show ao vivo, gravado no Palace em julho de 1988, introduz a música "O chato" com um monólogo, de que extraímos o seguinte trecho:

> *É preciso perdoar o chato. O chato não tem defeito grave. Ele é bem-intencionado. Ele só confunde as coisas. Ele acredita. Ele tem uma ingenuidade perene. Você fala para o chato: **Como vai?** E ele responde. Gente, como vai quer dizer **Oi**! Não é para responder. Ninguém quer saber como você vai. É para dizer **Oi**!*

e) A **função metalinguística**, centrada no código. Serve para explicar ou tornar preciso o código utilizado na mensagem. Vejamos algumas ocorrências, típicas na língua falada, em que se pode subentender um "isto é" ou "quer dizer" de explicação:

> – *O almoço custou os olhos da cara, **oitenta reais**!*
> – *Eu também sou* BV, *boca virgem, pois nunca beijei.*
> (em novela de TV)
>
> Loc 1: – *João ficou de orelha em pé.*
> Loc 2: – *Hein?*
> Loc 1: – ***Ficou atento**.*

f) A **função poética**. Está centralizada sobre a própria mensagem, colocando em evidência o lado palpável dos signos. Trabalha com o elemento significante do signo. Não é exclusiva da mensagem literária, mas é seu fundamento.

Vejamos alguns exemplos típicos da estilística da língua falada, em que praticamente só subsiste a expressividade do aspecto formal, sendo praticamente vazio o aspecto semântico. Qualquer pessoa, sobretudo em contexto, usa e entende qualquer dessas frases, sem ter consciência ou preocupação com suas palavras componentes. Há, sobretudo, uma harmonia fonética ou uma criatividade aparentemente infantil a explicar e justificar seu uso expressivo:

> Acabou-se o que era doce!
> Nunca viu cara de pauo!
> Cresça e apareça!
> Ai, ai, ai! Carrapato não tem pai (apresentador em programa de auditório de TV)
> Para, Pedro! Pedro, para!
> Atirei o pau no ga**to to** / mas o ga**to to** / não mo**rreu reu reu**/
> Dona Ch**ica ca** / Admirou-**se se** / do pulo do pulo / que o gato deu / MiAu!
> **Ei ei ei**! Cristo é nosso **rei**.

Reboul (1975: 16) ainda analisa um caso: "Uma moça costumava referir-se a um rapaz que detestava, fazendo uso da expressão 'horrendo Henrique', por acreditar que nenhuma outra qualificação assentaria tão bem nele. Sem dar conta, ela estava aplicando o procedimento poético da **paronomásia**."

> **Paronomásia**: figura em que se aproximam palavras de sons iguais ou semelhantes, mas de sentidos diferentes: *quem casa quer casa*.

Na realidade, cremos que mais do que a paronomásia, está funcionando poeticamente a **aliteração**, dentro do que podemos chamar a estilística da expressão; na prática, a estilística do discurso oral.

> **Aliteração**: representação de fonema, vocálico ou consonântico, igual ou parecido, para descrever ou sugerir acusticamente o que temos em mente expressar, quer por meio de uma só palavra ou por unidades mais extensas (Bechara, 1999: 73).

Evidentemente, a função poética formulada por Jakobson não se esgota nas presentes observações, particularmente proveitosas para o presente trabalho. Uma compreensão abrangente da questão pode ser obtida, consultando manuais específicos de Estilística.

Cabe acentuar que a linguagem falada revela um duplo caráter: é individual e é social. Predominam nela, entretanto, as funções emotivas, de um lado, e apelativa, de outro. Quanto à primeira, vimos traduzir-se frequentemente nas exclamações, nas autointerrupções, nas hesitações etc. Quanto à segunda, a atuação sobre o ouvinte faz-se normalmente por exagero e intensificação da expressão do pensamento. Não raro, porém, ocorre o inverso, isto é, ocorre uma atenuação, provocada pelo desejo de adaptação ao meio que o falante, muitas vezes, sente e acata.

Nesse sentido, a língua oral é muito adaptável e condicionada à situação, particularmente em relação à presença ou a imagem do interlocutor. Basta, por exemplo, que o ouvinte demonstre, por uma linguagem não verbal, um gesto ou expressão fisionômica, uma dificuldade de compreensão, para que o falante, num esforço de cooperação, altere seu nível linguístico ou retome o tópico. Na verdade, o caráter social compreende uma dupla direção: do falante para o ouvinte; do ouvinte para o falante.

Com efeito, ao se considerarem as relações entre a língua e seus usuários, bem como a situação de fala em que eles interagem, isto é, o *nível pragmático*, a intersubjetividade é que vai determinar frequentemente não só os rumos do discurso, como também os significados que nele afloram. Sobre as características próprias da fala conversacional, merece especial atenção o aspecto da sua produção conjunta pelos interlocutores. Trata-se, na realidade, de uma atividade de coprodução discursiva, no sentido de que os parceiros conversacionais estão conjuntamente empenhados na produção textual, buscando ser cooperativos. Seus enunciados, muitas vezes, só são passíveis de ser analisados em conjunto.

Atendendo ainda a esse caráter social posto em destaque no colóquio, a língua oral se produz também permeada de elementos verbais, que atendem muitas vezes mais a uma função fática, de natureza igualmente apelativa, do que propriamente linguística ou referencial.

O falante não se preocupa – nem pode – com o sistema linguístico em si, com o código (função metalinguística), sendo de seu interesse apenas o efetivo funcionamento e os procedimentos linguísticos *ad hoc* suficientes e bastantes para que isso ocorra. Importam a rapidez e a eficaz funcionalidade da expressão. Por isso a língua falada, que utiliza outros meios que não só os linguísticos (gestos, por exemplo), economiza, graças a estes, muitos traços e marcas, supérfluos para o suficiente e prático funcionamento da comunicação, compensando-os com significações não verbais: mímica, gestos, dados da situação etc.

# Aspectos fisiológico, linguístico e psicológico da comunicação oral

Concentrando-nos na comunicação oral, verificamos que ela é veiculada, pelo canal sonoro, cujo som passa da boca para o ouvido. Essa passagem envolve ao menos três aspectos ou fatores: **fisiológico**, **linguístico** e **psicológico**, relacionados respectivamente aos sons, ao código (língua) e aos problemas de atenção e personalidade do **emissor** ou **locutor** e **receptor**.

> A partir daqui, vamos empregar, normalmente, os termos **locutor**, **interlocutor** no singular, valendo pelo plural, e preferir os termos **locutor**, **falante** e **ouvinte**, apesar de, no caso de *ouvinte*, o termo mais preciso talvez seja **destinatário**, que, por isso, eventualmente, será também utilizado.

Quanto ao aspecto **fisiológico**, lembramos, por exemplo, os limites fisiológicos, que variam de acordo com os indivíduos e as situações. Assim, existem pessoas de deficiente ou descuidada articulação e/ou audição (sonora) que favorecem, às vezes, malentendidos. Nesse sentido, palavras de tamanhos e sons muito parecidos podem ser confundidas. Por isso, muitas pessoas aconselham, por exemplo, a dizer "meia dúzia" em lugar de "seis", quando se transmite um número telefônico, evitando que o "seis" seja ouvido como "três". Daí provém talvez a expressão "trocar seis por meia dúzia". Caso semelhante ocorre com as pronúncias de "cem" e "seis": em *cem dias* pode-se ouvir eventualmente *seis dias*. Nessa questão de números, há ainda, entre outros, o caso dos pares dos dígitos "sessenta" e "setenta", para os quais se recomenda, por cautela, sua pronúncia individualizada, ou seja, *seis zero* e *sete zero*, respectivamente.

Quanto ao aspecto **linguístico**, lembramos que ele está vinculado ao estudo da língua como conjunto de segmentos conhecidos e reconhecidos, tendo-se em mente o seu estatuto social. Receber uma mensagem oral é o mesmo que categorizar e decodificar seus componentes gramaticais, semânticos, simbólicos, estilísticos. Essa categorização se dá com base na cultura e na experiência do receptor. As condições de comunicação devem permitir o reconhecimento de um código comum ao locutor e interlocutor, considerando-se inclusive a codificação gestual, mímica, entonacional etc.

Quanto ao aspecto **psicológico**, considera-se sua vinculação aos problemas de atenção e de personalidade. O contato psicológico deve-se manter de ambas as partes, o locutor prendendo a atenção do seu interlocutor e estes adaptando seu comportamento às condições particulares da comunicação. Inclui-se aqui o estado emocional do falante no momento e/ou em decorrência da menor ou maior dramaticidade da situação comunicativa.

Nos três níveis podem ocorrer *ruídos*, isto é, perturbações que acontecem eventualmente no transcorrer da comunicação. Assim, há ruídos fisiológicos, como barulhos externos, voz muito baixa, fala muito rápida; linguísticos, como dificuldades de codificação e/ou de decodificação por parte dos parceiros conversacionais; falta de vocabulário etc.; psicológicos, como falta de atenção, elementos emocionais que interferem na mensagem, efeitos de condicionamentos psicológicos etc.

Sob os aspectos psicológico ou linguístico, às vezes vinculados a ruídos por conta do aspecto fisiológico, não raro acontecem também mal-entendidos, superficiais ou graves. Na conversa de um casal, o marido, que acabara de chegar de um velório, pergunta à mulher, que, por sua vez, acabara de chegar de uma festa:

> Marido: – *Tudo bem lá?*
> Mulher: – *A surpresa foi que Dona Bia'pareceu.*
> Marido: – *FaleCEU?*
> Mulher: – *NÃO!!!*

A elisão do "a" em "apareceu" (*Dona Bia'pareceu*), mais a semelhança de sons, somada, sobretudo, ao condicionamento psicológico do marido, provocou uma falha na audição: o marido ouviu, inocentemente, "faleceu" em lugar de "apareceu".

O fator ou condicionamento emocional, em termos de distúrbios momentâneos mais ou menos acentuados, pode explicar muitas superafetações verbais que ocorrem a toda hora, como nosso estudo irá ilustrando.

Por ora, podemos exemplificar a questão com algumas frases de jogadores de futebol, cujas incoerências e equívocos só podem ser atribuídos à precipitação, estado emocional no momento e/ou impossibilidade de elaboração mental, publicadas no *Ponto a Ponto* de 9 de abril de 2010:

Eu, o Paulo Nunes e o Dinho vamos fazer uma **dupla** sertaneja.
A partir de agora o meu coração só tem **uma** cor: vermelho e preto (referindo-se ao clube Flamengo).
Nem que eu tivesse **dois pulmões** eu alcançava essa bola.
No México é bom. Lá a gente recebe **semanalmente de 15 em 15 dias**.
Quando o jogo está a mil, minha **naftalina** sobe.
Na Bahia é todo muito simpático: é um povo muito **hospitalar**.

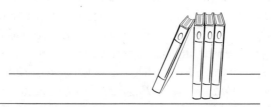

# Níveis, modos e variedades de linguagem verbal

É consensual para os linguistas a constatação de que as línguas, sob sua aparente homogeneidade, recobrem, no seu interior, uma grande quantidade de variantes e variedades, com as quais tem que se defrontar a gramática descritiva.

Reconhecem-se, pois, as superficiais variabilidades ou variedades subjacentes à invariabilidade profunda nas línguas.

Quando observamos, porém, concretamente, muitas das inúmeras situações de uso linguístico e respectivas falas nessas situações, verificamos que essas variabilidades não parecem, muitas vezes, tão superficiais.

As variáveis espaciais (relacionadas às regiões), sociais (alusivas à profissão, classe social etc.), culturais (relativas à escolaridade, ambiente cultural etc.), situacionais (decorrentes das situações comunicativas), de relações interpessoais, temáticas etc. determinam uma enorme quantidade de variedades, níveis ou modos no uso da linguagem. Ressaltamos desde já as variedades na hierarquia social, particularmente cultural, sem deixar de lado as próprias variações ou idiossincrasias de cada indivíduo.

Temos de pensar, ainda, a linguagem verbal em termos de variedades inspiradas nos canais de sua veiculação, conhecidas pelas modalidades *língua falada* e *língua escrita*, adiante especialmente retomadas e redimensionadas nas suas noções e denominações. Centrando-nos, por ora, na modalidade falada, consideramos, em princípio, uma *linguagem comum*, manifestada por um conjunto de palavras, expressões e construções mais usuais, tida geralmente como simples, mas correta, de produção e compreensão entre o comum das pessoas (como conversações espontâneas normais, por exemplo).

A partir desse nível tem-se, em ordem crescente do ponto de vista da elaboração, a *linguagem cuidada* ou *culta* em relação à gramática normativa (empregada em palestras, por exemplo). No sentido contrário, da espontaneidade, da despreocupação gramatical e correção linguística, tem-se a *linguagem familiar* e a *popular* (como conversações e bate-papos espontâneos).

Mais ou menos paralelamente, pode-se falar em registros ou níveis de fala formais (discursos políticos, por exemplo) ou informais (conversações descontraídas entre falantes iguais), em consonância com situações de maior ou menor informalidade.

Em resumo, dentro da modalidade falada, distinguimos a linguagem popular (teoricamente comportando subvariedades de um patamar de informalidade e espontaneidade) e linguagem culta (comportando subvariedades de um patamar de maior elaboração e formalidade). Num nível intermediário, ao menos virtual, situa-se uma linguagem comum.

Essas e outras distinções são bastante fluidas, uma vez que se estabelecem segundo critérios heterogêneos. A distinção linguagem popular/linguagem culta, por exemplo, apoia-se num critério sociocultural, ao passo que a distinção linguagem informal/ linguagem formal se apoia, sobretudo, numa diferença de situação do evento conversacional, com realce para o papel dos falantes. Esse quadro tem sido mais ou menos advogado e/ou aceito pelos teóricos das variedades linguísticas.

Na linha dessas considerações, mas ajustando-as a nossa ótica, esclarecemos que usamos, entretanto, o termo "popular" em dois sentidos: primeiro, num sentido *restrito*, em oposição a culto; segundo, num sentido *amplo*, simplesmente como sinônimo de "do povo ou do próprio povo"; povo, por sua vez, tido como a soma de todas as camadas socioeconômico-culturais, em suas diversas modalidades e circunstâncias, aqui considerada a sua média. Em consequência, utilizamos a expressão *linguagem popular* paralelamente em dois sentidos.

O primeiro diz respeito à linguagem inculta ou uso corrompido, mais ou menos como entendido no referido quadro teórico. Nesse sentido, linguagem popular é aquela que registra frequentes desvios gramaticais (de regência e concordância, por exemplo), vocabulário incorreto, falso ou impreciso, gírias compensatórias de deficiências e/ou despreocupação com vocabulário, termos obscenos, articulações fonéticas muito deficientes e displicentes etc. Essa linguagem popular no sentido restrito "poderia admitir gradações inferiores que nos levariam, quem sabe, até a um dialeto social vulgar, ligado aos grupos extremamente incultos, aos analfabetos [...]. Nele se multiplicariam estruturas como *nós vai, eles fica* etc." (Preti, 2003: 37), ou o não menos estereotipado *menas gente*. A essa variedade denominamos linguagem vulgar.

O segundo, num "sentido amplo", mais frequente. Linguagem popular, então, aqui, se refere à língua que o povo fala – povo como atrás entendido – linguagem do cotidiano, despreocupada, distensa, empregada inclusive pelos letrados, quando se encontram em tais situações; não necessariamente informal e incorreta gramaticalmente falando; linguagem que tem a "cara do povo", linguagem comum ou próxima desta.

Cremos ter deixado claro, desde já, que não há uma vinculação essencial e permanente entre o nível da linguagem usada (culta, popular nos dois sentidos, vulgar) e o perfil ou *status* do usuário (letrado, analfabeto etc.). Assim, pode um letrado elevar ou baixar seu nível de linguagem, para adaptá-lo, por exemplo, ao seu interlocutor de nível diferente.

Neste livro, o termo "popular" será normalmente empregado no sentido amplo de "do povo, linguagem do povo simplesmente" e não no de "inculto" ou de linguagem inculta. Em termos de linguagem, portanto, linguagem falada popular não compreende aqui qualquer conotação de língua errada. Quando usados excepcionalmente no primeiro sentido, essa circunstância será esclarecida *in loco*.

Outro termo que costuma passar como sinônimo de popular, às vezes até como popular em sentido restrito, é "coloquial". Para nós, porém, esse termo significa normalmente "conversacional", não conotando necessariamente a ideia de popular.

Uma exemplificação sobre linguagem comum, popular (nos dois sentidos, mas particularmente no segundo), informal, coloquial e familiar, que são variedades, níveis ou registros que interessam particularmente ao presente estudo, vai fluir – e será percebida – no decorrer do desenvolvimento deste livro.

Por ora, quase mais como curiosidade, que pode, porém, favorecer a compreensão dos níveis linguísticos, dentro da nossa perspectiva, elencamos três séries de frases e respectivas paráfrases, que dão ideia dos diversos níveis e da certa indefinição de suas fronteiras em alguns casos:

---

*Elogio em boca própria é vitupério.* (frase de feição culta)
*Elogio em boca própria é ofensa /insulto.* (frase de feição comum ou popular em sentido amplo)
*Falar bem da gente mesmo é sacanagem.* (frase de feição vulgar ou próxima dela)

> *Ficou na ociosidade.* (frase de feição culta)
> *Ficou na vadiagem.* (frase de feição comum ou popular em sentido amplo)
> *Caiu na gandaia.* (frase de feição popular em sentido restrito, por incluir expressão de cunho gíria)
>
> *Ele ficou sem saber o que fazer.* (frase de feição culta)
> *Ele ficou com a cara de tacho.* (frase de feição popular em sentido restrito ou próxima dele)

As seguintes versões das frases:

| *É hora de a onça beber água.* | *É hora da onça beber água.* |

exemplificam também dois níveis de usos linguísticos diferentes: o primeiro se enquadra numa linguagem culta; o segundo, numa linguagem popular comum.

Atente-se ainda para a frase:

> *Quem não tem cão... caça com gato.*

de cunho popular, que flui espontânea na boca do povo, como substituto proverbial dos possíveis e corriqueiros comportamentos de "quebra-galho". Nela aparece, porém, a palavra "cão", tida de cunho científico e/ou literário (do latim clássico: *cane*), ao contrário do vocábulo mais comum "cachorro" (do latim vulgar: *\*catulu*). No referido provérbio, a cadência dos dois segmentos adjacentes, mais o uso da palavra "cão" ao contrário de "cachorro" e, ainda, a adjacência *cão caça* valorizam foneticamente a frase proverbial. Parece-nos que se trata de mais um emprego da função poética na língua falada, inclusive com uma sequência de aliterações expressivas. Semelhantes comentários cabem, por certo, em outras frases feitas, sobretudo provérbios e expressões populares.

Centrando-nos ainda na modalidade oral e tendo em mente o aspecto cultural, consideramos, numa outra perspectiva, que, todavia, tem a ver com os níveis linguísticos sob discussão e com as chamadas modalidades *língua falada* e *língua escrita*, três tipos ou níveis de prática de oralidade:

- **oralidade primária** ou **oralidade 1**, a das pessoas que convivem em sociedades sem escrita e que, portanto, a desconhecem inteiramente, como certos povos indígenas; trata-se da oralidade pura, virgem.

- **oralidade secundária** ou **oralidade 2**, a das pessoas analfabetas ou semialfabetizadas que se envolvem, contudo, direta ou indiretamente, com as práticas de escrita, por conviverem em sociedades letradas (por exemplo, observando jornais e revistas, tomando condução, ouvindo rádio, vendo televisão, trabalhando como empregadas domésticas em casas de patrões de formação e linguagem culta etc.). Há pessoas analfabetas que, com naturalidade, tomam ônibus, ligam TV, fazem pequenos trocos etc., graças à simples convivência diária com essas práticas. E com naturalidade falam expressões de clara feição culta, como, por exemplo, *em última instância*, por motivações que poderiam ser especificamente pesquisadas, mas que não é difícil de imaginar.

Trata-se de um letramento, parcial e natural, fora da sala de aula ou fora das condições e convenções ideais de letramento.

- **oralidade letrada** ou **oralidade 3**, a das pessoas alfabetizadas das sociedades letradas, que, dentro das suas necessidades, têm a oportunidade de utilizar a linguagem verbal sob as duas modalidades, tradicionalmente denominadas linguagem falada ou oralidade e linguagem escrita. Acrescente-se que, ao contrário das pessoas enquadradas nas oralidades 1 e 2, as pessoas letradas (oralidade 3), além de terem condições de um desempenho oral e escrito, mesmo no oral, podem – e devem – interagir tanto por meio de uma linguagem culta, quanto popular (nos dois sentidos referidos atrás), adequando-se às situações comunicativas. Dificilmente, baixam ao nível da vulgaridade, porém.

> Na sua tese (*A oralidade letrada de lideranças não escolarizadas*), Pereira (1997) denomina *oralidade letrada* o que chamamos aqui de *oralidade secundária*. Na tese, justifica-se como uma "oralidade organizada por padrões letrados" por pessoas "não escolarizadas"; no caso, um líder sindicalista que "mostrava uma organização textual típica de um discurso atravessado pela escrita." Pelas considerações de Pereira, cotejadas com as nossas (oralidade secundária e oralidade letrada), é fácil perceber nossa posição que, entretanto, não cabe explicar aqui. Para nós, o sindicalista em questão é apenas mais um caso, embora especial e excepcional, de oralidade secundária.

Uma observação final cabe ser feita em relação aos termos *correção* e *erro*, assim entendidos os usos em obediência ou não à gramática normativa. Certos usos considerados errados em face das prescrições da gramática não são assim considerados na língua falada, mesmo dentro da oralidade 3, pois sua norma é outra. Essa abertura temática nos leva a refletir, no item seguinte, sobre as noções de *uso* e *norma*.

## Norma e uso

Depois de abordarmos questões sobre variedades da linguagem verbal, tipificando-as nas linguagens culta, comum, popular, vulgar e nas modalidades falada e escrita, e considerada, desde o início, nossa fixação na observação do "uso" linguístico falado concreto, não há como não discorrer e refletir, na perspectiva advogada no presente livro, especificamente, sobre o binômio **norma** e **uso**.

Em princípio, não deveríamos nos preocupar com a questão da norma, uma vez que só nos interessa o uso concreto, individualizado ou não, mas efetivo.

Mas faz-se necessário reportarmo-nos, de início, aos clássicos estudos de Coseriu e Hjelmslev, com seus modelos sobre os fenômenos *sistema, norma* e *fala* e *esquema, norma* e *uso*.

Nossos enfoques têm a ver particularmente com a norma e a fala/uso; a *norma* que, para Hjelmslev, é o uso como abstração e, para Coseriu, é algo que se identifica melhor com o uso de Hjelmslev. Assim, os pares **norma e fala** ou **norma e uso** se implicam, *grosso modo* se correspondendo.

Nesse sentido, as normas serão graus de *realização* do sistema, mas serão ao mesmo tempo graus de *abstração* da fala.

Dentro dessa perspectiva, consideramos os níveis sistema, norma e fala/uso com os seguintes graus de abstração e "concretização" cada um e entre si:

| Níveis | Abstração | Concretização |
|---|---|---|
| 1º: sistema | + + + | 0 |
| 2º: norma | + + | + + |
| 3º: fala/uso | 0 | + + + |

Assim, fica entendido que o **sistema** *é o mais abstrato e menos concreto dos três níveis*; a **norma** é mais abstrata em relação a fala/uso e mais concreta em relação ao sistema e a **fala/uso** *é o menos abstrato e o mais concreto dos três níveis.*

Interessa-nos apenas o terceiro nível, isoladamente considerado, isto é, o uso, o uso concreto, não o abstrato de que fala Hjelmslev, que no seu caso é igual à norma. No nosso caso, é o uso, sem qualquer preocupação de frequência e tipo que possam implicar ou determinar normas ou qualquer pretensão de alçá-lo ao nível da norma, embora reconheçamos que a língua falada popular, no sentido que usamos, sendo igualmente uma variedade, pode ter em tese sua norma; em concreto, no entanto, ninguém a apurou ou consegue apurá-la extensivamente. Para a própria língua falada em si não há um aparato institucionalizado completo de referência.

Não nos preocupa objetivamente observar o uso como expressão coletiva, generalizada, se bem que também não nos move qualquer preocupação de sua exclusão.

Luft (1985: 17-8), relembrando a frase de Luis Fernando Verissimo "A sintaxe é uma questão de uso, não de princípio", em *O gigolô das palavras*, dogmatiza: "Não só a sintaxe. Toda a língua: semântica, léxico, morfologia, fonologia e fonética – tudo é questão de uso." E exemplifica:

> Algo custa a alguém... – é uma "questão de princípio" – lógico-sintático. Mas é uso brasileiro dizer: *A gente custa a suportar a inflação. Custei a me habituar ao calor daquela cidade.* Quer dizer, o uso brasileiro consagrou um novo princípio, uma regra.

Em outras palavras, o uso são os fenômenos linguísticos que se manifestam de fato, concretamente, e nossa postura de pesquisador e estudioso da fala natural é ouvir e registrar esse uso, singular e único, sem excluir o uso generalizado, porém.

Particularmente em relação à *norma*, consideramo-la em duas acepções:

(1) regra que determina como alguma coisa deve ser feita, o que corresponde, em questão de gramática, à chamada gramática tradicional. É a norma prescritiva, que implica avaliação e correção, de que decorre o adjetivo *normativo*;

(2) estado habitual, o que é de uso corrente, de que decorre o adjetivo *normal*, o qual diz respeito à determinação e à descrição de uma normalidade, de um fato corrente e geral e, por isso, está relacionado ao uso.

O adjetivo *habitual* no sintagma estado habitual acima nos enseja expor aqui o ponto de vista de que *a língua também é hábito*, no sentido de que muitas fórmulas linguísticas se transformam em hábitos profundamente arraigados, de uso quase sempre inevitável na fala, ainda que gramaticalmente condenados. Considerado "uma segunda natureza" (Aristóteles), o hábito nos impulsiona frequentemente a certos usos dos quais quase não se consegue escapar. Isso explica, por exemplo, o uso de certos pleonasmos, entre outros fenômenos de variada natureza, por pessoas letradas, até em situações de certa formalidade, como: *elo de ligação, mínimo detalhe, beber bebida alcoólica, criar novos hábitos...* etc.

Antes de prosseguirmos, parece-nos proveitoso trazer mais duas contribuições para a compreensão da norma e seus tipos.

Na parte introdutória da sua *Moderna gramática portuguesa*, Bechara (1999) distingue os **saberes elocutivo**, **idiomático e expressivo**. Quanto ao saber idiomático, entende que esse corresponde à *norma da correção*. Para o português, temos então que considerar mais de uma norma de correção, ou seja, norma para o português do Brasil, para o português de Portugal, para o português exemplar, para o português comum, para o português familiar, para o português popular etc.

Quanto à norma culta, costuma-se levar em conta pelo menos três dimensões, a saber:

(1) a norma culta *objetiva*, que é o uso concreto, também denominada "norma explícita", "padrão real";

(2) a norma culta *subjetiva*, que representa a atitude que o falante assume em face da norma culta objetiva. É também chamada "norma implícita", "padrão ideal";

(3) a norma *prescritiva*, que é o resultado da associação da norma objetiva e da norma subjetiva, graças ao qual são estabelecidas regras a serem seguidas e ensinadas na escola.

Para nós fica claro que, com exceção da dimensão prescritiva, tanto a dimensão objetiva quanto a subjetiva podem ser levadas em conta teoricamente nas demais variedades de linguagem, em particular em relação à linguagem popular, disso resultando interessantes reflexões.

Como veremos adiante, pessoas semianalfabetas ou até analfabetas podem registrar, nos seus usos linguísticos, construções eventualmente cultas. Da mesma forma, letrados às vezes registram em seus usos construções consideradas usuais por pessoas de escolaridade média ou baixa, naturalmente em certos níveis do sistema linguístico.

Apontamos, a seguir, exemplos e observações colhidos em pesquisas que enfocam esses usos não cultos por pessoas cultas:

- Preti (1997: 17), comentando gravações feitas conscientemente por pessoas cultas para o Projeto NURC, diz que "os inquéritos acabaram revelando um discurso que se identificava, na maioria das vezes, com o do falante urbano *comum* [...]", isto é, "de um falante de um dialeto social dividido entre as influências de uma gramática tradicional, *e uma linguagem popular, espontânea, distensa*" (itálicos nossos).

Mais adiante repete a observação, deixando claro que essas pessoas de escolaridade superior demonstram a presença de marcas de linguagem culta, revelando o nível de sua escolaridade, apresentam também *marcas da linguagem popular*.

E exemplifica com gírias e vocábulos de intensificação expressiva, de efeito hiperbólico: *bacana, cacetada, se embananando, bem bolado, dava bola*; com pronome pessoal *ele* como objeto direto: *deixa eles irem, levando eles*; com formas irregulares do futuro do subjuntivo confundidas com o infinitivo: *se você não pôr uma gravata*; com discordância entre verbo e sujeito posposto e entre artigo e substantivo: *só existia nessa ocasião três ou quatro*; *os nego* etc.

- Outros pesquisadores também constataram que vários usos não aceitos pelas gramáticas narrativas ocorrem nas falas dos entrevistados do NURC/SP, às vezes corrigidos pelos próprios informantes.

Antes de finalizar o presente tópico, incluímos mais duas observações.

A primeira se insere para ficar claro que o uso individualizado, singular e único de que falamos, faz abstração, em princípio, da variação, estilo ou *norma individual*. Com efeito, muitos usos podem variar, alternar, ser instáveis, naturalmente, inclusive no próprio falante. Assim, só ficando no nível prosódico, são frequentes e naturais variantes como:

| | |
|---|---|
| não / num, né / não é; tô / sto / estô / estou; | pra / para / pro / para o; cê / ocê / você. |

Situações também de outros extratos e por motivos vários podem ocorrer ainda:

(1) o uso intermitente do *aí* e *então* nos relatos de experiência pessoal. Nesse caso, esse uso frequente deve ser atribuído mais ao gênero narrativo dos relatos pessoais do que ao estilo ou norma individual;

(2) quando os falantes, sobretudo cultos, procuram elevar ou baixar o nível de sua linguagem, adaptando-a ao seu interlocutor. No caso, seleciona seu vocabulário dentro de séries como:

| diálogo, conversa, "papo"; divergir, discutir, brigar, "quebrar o pau"; | presenciar, assistir, ver. |
|---|---|

Ou uma frase dentro da série, referida anteriormente:

> *Elogio em boca própria é vitupério.*
> *Elogio em boca própria é ofensa ou insulto.*
> *Falar bem da gente mesmo é sacanagem.*

(3) o uso *vs.* não uso do *eu acho que*, que explica o *egocentrismo* e/ou o chamado "achismo" da língua falada, como destacaremos adiante.

A segunda tem a ver com a hipótese de se "confrontarem regras e usos". Quanto a isso, ressaltamos nossa postura, já implícita, de que, evidentemente, aqui não se faz – nem seria possível – qualquer confronto entre regras e usos, perfeitamente cabível no referido livro, por se tratar de usos em textos escritos.

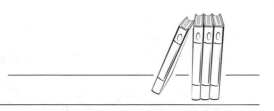

# Língua falada/língua escrita

Num mesmo nível, as referidas e tradicionalmente chamadas língua falada e língua escrita não têm as mesmas formas, nem o mesmo modo e instrumentos de estruturação, embora pertençam, de maneira geral, ao mesmo sistema linguístico. Cabe, então, ter presentes, quanto possível, os fatores, as propriedades, as características e as condições de produção de uma e de outra. Neste livro, os da primeira serão tratados com mais objetividade e sistematicidade, e os da segunda só eventualmente, para comparação, contraste e contraponto.

## Língua falada e língua escrita quanto ao meio e quanto à concepção

Inicialmente, para um entendimento mais abrangente dessas modalidades, usos ou práticas linguísticas, servimo-nos de uma releitura da teoria de Koch e Oesterreicher (apud Urbano, 2006).

A teoria fundamenta-se em duas perspectivas ou critérios: o do **meio** (ou canal) de um lado e o da **concepção** de outro, mas ambos de maneira integrada. Os autores não utilizam, em princípio, as denominações **língua falada** e **língua escrita**. Usam apenas os conceitos *fônico* e *gráfico* para a definição do meio, e para a compreensão da concepção utilizam, de um lado, **imediatez comunicativa** ou **oralidade** e, de outro, **distância comunicativa** ou **escrituralidade**.

> Oralidade será usada em outra perspectiva do que a das oralidades 1, 2 e 3 do capítulo anterior.

Assim, quanto ao **meio**, a comunicação verbal, exceção feita aos casos das pessoas com problemas auditivos, visuais ou de fala, é:

a) produzida e transmitida *sonoramente* pela boca e recebida *acusticamente* pelo ouvido. Sob esse aspecto, na fala, a transmissão e recepção da mensagem literalmente estão "na cara", ou seja, na boca (de quem fala) e no ouvido (de quem ouve), complementados, em geral, pelos gestos e expressões fisionômicos.

b) produzida e transmitida *graficamente* pelas mãos, sobre suporte físico do papel ou similar, e recebida visualmente pelos olhos.

O primeiro canal utiliza os sons fonético-fonológicos ou sons naturais vocálicos, complementados por outros elementos caracterizadores da oralidade, como entonação (de produção também oral), ritmo, periodicidade; ou gestos, mímica, expressão fisionômica. Esse conjunto de expressões corporais nos parece tão significativos no estudo da oralidade que ousamos classificar um tipo de frase como "frase gestual". São frases que funcionam graças à linguagem verbal e gestual ao mesmo tempo, como a frase *Num tô nem aí* numa conversa, acompanhada com subida e descida de ombros, concretizando indiferença. A fusão voz e gesto é tão grande que, a rigor, não tem sentido falar em "comunicação" e "comunicação não verbal", pois há apenas comunicação.

O segundo utiliza palavras "grafadas", realizadas por meio das letras, complementadas de modo geral pela pontuação, por outras grafias diacríticas, por sinais numéricos e, eventualmente, por desenhos, cores etc. Retomando a noção de signo, na língua falada o significante é o *fonema*, isto é, o menor conjunto de traços pertinentes capaz de distinguir um *som oral da língua* dos demais. Na língua escrita, é a *letra* ou *grafema*, isto é, o sinal gráfico que representa o(s) fonema(s). Nem sempre há correspondência estrita entre fonema e letra numa mesma palavra. Assim, a palavra *chama*, por exemplo, compõe-se de cinco letras: c-h-a-m-a e quatro fonemas: ch-a-m-a, porque as duas letras ch iniciais representam, em conjunto, apenas um fonema. Já na palavra *xícara*, há seis letras: x-í-c-a-r-a, correspondendo respectivamente a seis fonemas: x-í-c-a-r-a.

A teoria e a análise do meio, ou meios, permitem inúmeras reflexões de variada natureza, consideradas as várias situações de comunicação, abstração feita ao critério da concepção. Assim, podem-se considerar os usos e sentidos especiais para os fenômenos da voz e dos gestos, como sua volatilidade, qualidade, dinâmica, suas restrições, deficiências e "ruídos", o contínuo normal e o descontínuo eventual sonoro da expressão falada, a memória etc. Em questão de qualidade e dinâmica de voz, por exemplo, é possível obter-se uma informação, muitas vezes decisiva para a decodificação de uma mensagem, graças a um simples "alô" identificando a voz feminina ou masculina, de que, em ligações telefônicas, se aproveitam muitas vezes os bandidos, nos dias de hoje, em "trotes de sequestros"; coisa semelhante – e até com maior frequência – pode-se observar em relação ao material gráfico.

Finalmente, as mensagens em relação aos meios sonoro e gráfico são, pois, consideradas "dicotomicamente" ou orais ou escritas, não havendo meio-termo.

Quanto à **concepção**, trata-se da segunda perspectiva subjacente a um enunciado, considerando-se seu modo de estruturação e verbalização, sendo a mensagem verbal sujeita a uma complexidade de condições comunicativas, regras, parâmetros, propósitos, que determinam inúmeros produtos linguístico-textual-discursivos (isto é, textos), de grande gradiência e multiplicidade, muito diferentes ou muito semelhantes entre si, independentemente de sua realização respectivamente sonora ou gráfica.

Nessa dimensão concepcional, as manifestações verbais, quer fônicas, quer gráficas, são definidas pelas condições de produção do texto, em razão das situações comunicativas e pelas estratégias adotadas para sua estruturação e verbalização, cumprindo procedimentos, usos e finalidades que acabam por revelar determinadas características e propriedades mais ou menos estáveis, segundo virtuais padrões das referidas **situações comunicativas**.

Para explicar o conceito concepcional da comunicação verbal, Oesterreicher idealizou um esquema, sob a perspectiva basicamente da concepção, mas integrada na perspectiva do meio sonoro e gráfico. No esquema, as mensagens, consideradas em teoria as inúmeras e infinitas situações comunicativas concepcionais possíveis, localizam-se necessariamente em uma linha *contínua* num campo que vai de um *polo de imediatez* comunicativa máxima (caracterizada básica e necessariamente pela interação oral "face a face", mas não só) a um *polo de distância* comunicativa máxima (caracterizada básica e necessariamente pela interação escrita "não face a face", mas não só). Em outras palavras, vai da máxima **oralidade** à máxima **escrituralidade**.

> **Situações comunicativas** são os possíveis palcos, cenas ou cenários das mensagens. Compreendem as pessoas que falam ou escrevem, os parceiros que ouvem ou leem, o lugar "onde" e o tempo "quando" acontecem esses eventos, os objetos neles envolvidos, com que finalidade ocorrem esses eventos, seus temas, quais as demais circunstâncias etc. Correspondem, em outras palavras, aos **contextos situacionais e extralinguísticos** que especificaremos adiante.

O esquema prevê, a título exemplificativo e ilustrativo, num crescendo, uma mostra de diversas situações comunicativas que utilizam o meio sonoro ou gráfico, respectivamente, e nas quais são produzidos textos com menor ou maior grau de oralidade e/ou escrituralidade, concepcionalmente falando, a saber:

a) produzidos oralmente: conversação casual entre amigos, conversação mais ou menos formal, conversação telefônica, consulta médica, mesa redonda, apresentação pessoal, entrevista pública, sermão, conferência universitária sem ou com manuscrito, ato jurídico no tribunal do júri e inúmeras outras situações;

b) produzidos graficamente: bilhete para colega em sala de aula, conversação eletrônica, carta familiar privada informal, correspondência formal, entrevista publicada, manuscrito prévio de conferência, artigo de fundo, artigo científico; peças processuais, leis e inúmeras outras situações.

Tanto os textos produzidos oralmente podem estar matizados de oralidade, quanto os produzidos graficamente podem estar matizados de escrituralidade, aproximando-se, consequentemente, ora das situações de imediatez comunicativa ou oralidade, ora das situações de distância comunicativa ou escrituralidade. Evidenciarão, portanto, traços, ao mesmo tempo de ambas as situações e textos. Trata-se, assim, de textos *híbridos*.

E é possível a ocorrência tanto de textos orais com fortes características concepcionais de escrituralidade, quanto de textos gráficos com fortes características de oralidade. A exemplificação a seguir ilustra, com as respectivas análises sumárias, duas situações e tipos de textos, permitindo uma melhor compreensão dessa formulação teórica.

**(1) Discurso oral** (meio sonoro) com fortes traços de escrituralidade.

a) Texto:

> E o código comercial estabelece toda uma escala de preferência: quais os credores preferenciais... quirografários... por exemplo... aqueles que têm título... que representam dívida... que a fábrica deve pagar... e assim por diante. Ela tem que solver os seus compromissos... ou então... ela pede concordata, quer dizer... um prazo... com as garantias exigidas por lei para efetuar o pagamento dos seus débitos... quer dizer... das suas dívidas... ou então... se não puder fazer isso ela vai à falência... pura e simplesmente.
>
> (*corpus* do **Projeto NURC/SP**)

**Projeto NURC/SP**: Projeto de Estudo da Norma Linguística Urbana Culta de São Paulo (Castilho e Preti, 1987: 140-1).

b) Análise:

Trata-se de uma entrevista com um professor universitário, de 69 anos, numa situação de fala e interação face a face.

Veicula tema de nível elevado, referente à especialidade do informante.

Percebe-se uma linguagem naturalmente elaborada, planejada e com certo grau de formalidade, marcada por traços de escrituralidade, isto é, traços caracterizadores de uma linguagem conceptualmente escrita, condizentes com um estilo de aula universitária.

Revela um vocabulário culto, técnico, e uma sintaxe compatível com as normas gramaticais previstas para o padrão culto.

Naturalmente, quanto ao meio, têm-se em mente as propriedades e condições próprias do material sonoro, como entonação e demais fenômenos suprassegmentais ou parassegmentais, como as pausas transcritas.

**(2) Discurso escrito** (meio gráfico) com fortes traços de oralidade.

a) Texto:

*Obs.*: Retranscrevemos o mais fielmente possível, em letra de imprensa, o texto manuscrito quase ilegível, publicado na *Folha de S.Paulo* de 27 de julho de 2003:

---

28 06 03
Lula

Esa Carta e Para voce eu te
Peso mais imprego Por que o
Desenprego esta muito gradi
ter muitas pesouas Pasando
fomi tei que trabalhia mais
Para o nordeste Por que e esquesido
Pelos govenantes meliorar mais
As clinicas e botar mais
Aparelhios Para que os médicos
Posa trabalha mais
Obrigado senhor Presidenti
　　　Pala oportunidade

　　　　　　　Assina - Carlos Alberto da Silva

---

b) Análise:

Quanto ao escrevente, deve tratar-se de pessoa adulta, conforme denuncia o assunto, mas semialfabetizada, revelado pela construção textual, inclusive a própria grafia deficiente (perspectiva do meio).

Trata-se de uma carta breve, simples e informal, mais com feição de um bilhete rudimentar de tom pessoal, familiar, parecendo uma fala face a face, porém, sem as naturais respostas retroalimentadoras entre interlocutores.

Revela uma linguagem inculta, popular em sentido restrito, com grau mínimo de planejamento e alguma noção do gênero carta ou bilhete.

Mostra, de resto, uma linguagem marcada por traços caracterizadores de textos concepcionalmente falados, em que naturalmente não há normas preestabelecidas de grafia (prevalecendo uma grafia fonética), pontuação, paragrafação etc. É uma escrita de concepção falada, de nível linguisticamente vulgar. O vocabulário vai do comum ao popular, até mesmo por força da simplicidade e tratamento do assunto. A sintaxe infringe as normas da gramática, com falta de concordância verbal, com mistura de tratamento "você/tu", com o emprego de "ter" por "existir" etc.

Assim, uma entrevista ou aula universitária (meio sonoro) podem apresentar a rigorosa estruturação sintático-semântica e a sujeição formal de um texto escrito (concepção e/ou estruturação escrita), enquanto um texto escrito (meio gráfico, como o bilhete ao presidente) pode estar muito próximo de uma concepção e estruturação sintático-semântica de um texto falado e muito longe do ideal da correção linguística da língua escrita padrão.

Para que sirvam de desenhos gerais, balizamentos, noções matrizes e/ou modelos a permitirem uma melhor compreensão e possíveis reflexões sobre os textos mistos – que é a regra –, formulamos os seguintes conceitos de **língua falada prototípica** e de **língua escrita prototípica**, com base nos critérios do meio e concepção, combinados:

A **língua falada prototípica**, a língua falada propriamente dita, é uma atividade social verbal de produção de texto, em interação *face a face* (concreta ou virtualmente apenas pela voz; graças a um meio mediato, como gravação, telefone, rádio etc.). É realizada e transmitida oralmente e captada acusticamente, graças a um sistema de sons articuláveis, no tempo e espaço reais, em contextos naturais de produção, incluídos outros elementos de natureza corporal, que preenchem, em teoria, todas as condições linguístico-textual-discursivas concebidas para um texto falado. Em outras palavras, possui, do ponto de vista do meio, caráter fônico, e do ponto de vista concepcional, as condições de produção, que vão determinar as estratégias de estruturação e imprimir as marcas de verbalização ideais de um texto essencialmente falado.

A **língua escrita prototípica**, a língua escrita propriamente dita, é uma atividade social verbal de produção de texto, em interação abstrata *não face a face*. É executada graficamente pela mão e captada pelos olhos, graças, basicamente, a um sistema de letras articuláveis, chamado alfabeto, complementado por sinais de pontuação, de acentuação, numéricos etc., que preenchem, em teoria, "todas as condições linguístico-textual-discursivas" concebidas para um texto escrito. Em outras palavras, possui, do ponto de vista medial, caráter gráfico e, do ponto de vista concepcional, as condições de produção, que vão determinar as "estratégias de estruturação" e imprimir as "marcas de verbalização" ideais de um texto essencialmente escrito.

## Denominações/nomenclaturas

No capítulo sobre "Níveis, modos e variedades da linguagem verbal", ao considerar as modalidades língua escrita e língua falada, distinguimos, dentro da língua falada, de um lado, a linguagem culta, cuidada, formal ou informal, e de outro, a linguagem familiar ou popular (popular em dois sentidos), quase sempre de nível informal e excepcionalmente formal. Em face, porém, da dificuldade da adequada conceituação de língua falada e língua escrita e do apelo à teoria do meio e da concepção, que possibilita uma melhor compreensão dos fenômenos e mais correta aplicação dessas noções, voltamos ao assunto, em face das constantes indefinições terminológicas, sugerindo particularmente possíveis denominações e nomenclaturas.

Recordamos, de início, que Oesterreicher e Koch não utilizaram as denominações língua falada e língua escrita, mas sim imediatez comunicativa ou oralidade e distância comunicativa ou escrituralidade.

Várias são as expressões e os qualificativos que frequentemente rotulam não só a língua enquanto sistema, como também os discursos, isto é, os diversos perfis de usos e níveis de linguagem, ou seja, os discursos correspondentes à *parole* de Saussure. Quanto à língua, talvez valha a pena atribuir-lhe o rótulo de *língua-sistema*, como já fizeram outros teóricos. Quanto aos discursos, porém, trata-se de uma questão no geral insolúvel, na medida em que reconhecemos que nenhuma combinação de rótulos satisfaz. Todavia, ao final, consideramo-la de importância secundária.

As conhecidas denominações língua falada e língua escrita têm recebido inúmeros rótulos, segundo os vários enfoques e perspectivas que envolvem esses usos ou práticas, destacando ora um, ora outro aspecto, como nós mesmos faremos no desenvolvimento deste livro. Vão desde as tradicionais expressões **língua falada** e **língua escrita** até **estilo coloquial** e **estilo refletido**.

> Para maiores esclarecimentos sobre esse aspecto, ver reflexões em Urbano (2006: 20).

Como resultado de uma compreensão pessoal da questão, formulamos o seguinte esquema e rótulos:

| MEIO | CONCEPÇÃO | DENOMINAÇÕES | Exemplificação típica |
|---|---|---|---|
| | | textos | |
| (a) sonoro | Falada | FALADO FALADO | Conversa entre amigos |
| (b) sonoro | Escrita | FALADO ESCRITO | Aula de professor universitário |
| (c) gráfico | Falada | ESCRITO FALADO | Bilhete ao Presidente |
| (d) gráfico | Escrita | ESCRITO ESCRITO | Texto científico |

Nele, as duas palavras "escrita" da coluna da CONCEPÇÃO, nas letras (b) e (d), não significam "produzido graficamente", mas sim "de acordo com a gramática normativa", isto é, respectivamente meio sonoro e escrito, de concepção escrita. Cremos, ainda, possível usar, considerados os critérios de meio e concepção, a oposição falado e escrito gramaticalizado *vs* falado e escrito não **gramaticalizado** ou agramatical.

Por outro lado, o par formal/informal tem sido usado com frequência para caracterizar, respectivamente, a língua escrita e a língua falada.

> As noções de **gramaticalizado/não gramatizado e agramatical** evidentemente não são usadas nos mesmos sentidos de gramaticalidade/agramaticalidade da gramática gerativa de Chomsky, mas sim nos sentidos de "de acordo ou não" com a gramática prescritiva.

Entendemos, no entanto, que informalidade e formalidade, culto/não culto e outros qualificativos podem representar traços caracterizadores de textos na relação fala e escrita, mas não sinônimos respectivos das chamadas modalidades.

Para efeito de economia e didática da questão das denominações, deixamos, porém, registradas nossas escolhas de uso. Assim, empregaremos, de modo geral, língua falada, discurso oral, texto oral, comunicação oral, língua falada conversacional para os textos de concepção falada, e língua escrita, discurso escrito, texto escrito, comunicação escrita para os textos de concepção escrita.

Quando a atenção se voltar com exclusividade para o critério do meio, nos reportaremos ao meio sonoro e gráfico, respectivamente, ou à língua falada e língua escrita quanto ao meio, ou, ainda, *medialmente* falando. Quando a abordagem for apenas em relação ao critério da concepção, nos referiremos, respectivamente, à língua falada e língua escrita quanto à concepção ou *concepcionalmente* falando. Por fim, nos casos excepcionais da língua falada prototípica e língua escrita prototípica, usaremos essas próprias expressões. E, em se tratando de textos com marcas da fala e da escrita ao mesmo tempo, falaremos em textos híbridos. Reconhecemos, entretanto, a natural dificuldade em empregar e manter sempre um critério uniforme satisfatório.

Na verdade, não dá para ignorar e desconsiderar a forte pressão e frequência de uso das tradicionais denominações *língua falada* e *língua escrita*, que os respectivos canais, sonoro (falado) e gráfico (escrito) exercem nas respectivas denominações, independentemente da perspectiva concepcional. Reconhecemos, portanto, o uso corrente dessas tradicionais expressões terminológicas, quando se pensa em modalidades linguísticas, abstração feita à concepção, seja na fala formal e informal, seja na escrita, inclusive científica.

## A questão da contextualização e dos contextos

A real produção do texto, para não dizer apenas do "ato de fala", tem a ver ainda com a importante questão do entorno conversacional, que chamamos genericamente de *contextualização*, como soma dos diversos contextos linguísticos e extralinguísticos. Lembramos os seguintes contextos, cuja descrição às vezes retoma e completa aportes anteriores sobre língua falada e conversacional:

(1) O **contexto situacional** ou **situação**, que inclui as pessoas e os demais elementos presentes na situação comunicativa. Lembramos particularmente os fatores que conformam qualquer situação comunicativa: tema, interlocutores, objeto... Na interação face a face da conversação, a contextualização situacional é implícita, fisicamente presente, dispensando-se em geral uma verbalização explícita, por desnecessária. Os referentes situacionais são indicados por gestos ou dêiticos pessoais (eu, você), espaciais (ali, aqui) e temporais (ontem, hoje).

(2) O **contexto cognoscitivo**, individual ou geral, sociocultural e universal.

(3) O **contexto linguístico**, discursivo, conhecido por **cotexto**, responsável muitas vezes pela própria construção de sentido.

> **Cotexto:** texto ou textos que precedem e/ou seguem o texto considerado.

(4) O **contexto paralinguístico** (fenômenos prosódicos ou de entonação).

(5) O **contexto extralinguístico**, como a mímica, os olhares, os

> Ver Urbano (1974). "A margem de 'A margem da dupla articulação' de Martinet. Elementos para um estudo da paralinguística."

gestos, as posturas corporais etc. Entendemos que se deve considerar, inclusive, o contexto extralinguístico interior, atrelado ao aspecto psicológico, representado pelos pensamentos e intenções a serem compartilhados, antes e durante a interação verbal. São frequentes os mal-entendidos em virtude de pensamentos e intenções do falante não compartilhados no momento ou equivocadamente compartilhados com o ouvinte, como observamos, uma ocasião, ouvindo uma conversa entre duas pessoas, que haviam acabado de fazer um passeio em grupo:

Loc 1 (pensando em Ricardo, seu companheiro de excursão, sem, porém, identificá-lo previamente *ad hoc*) – *Ele* [= Ricardo] *chegou atrasado e complicou o embarque de todos.*
Loc 2 (pensando em Jorge, outro companheiro, tido pelo grupo como o "rei dos atrasos") – *Ele* [= Jorge] *só podia complicar mesmo. Por isso Jorge não vai mais co'a gente nas excursões.*
Loc 1 *Hum?* (admirado, sem entender de imediato o comentário do Loc 2)

Como se observa, a falta de atualização e identificação do "ele" provocou a incompreensão momentânea da fala. Casos semelhantes de falta de identificação de pronomes no cotexto ou contexto são causa de muitos mal-entendidos no dia a dia.

Com frequência, numa roda de amigos, alguns interlocutores ficam sem entender, pois há um desacordo de saberes, quando, por exemplo, os demais parceiros veiculam gírias que os primeiros não compartilham, em particular quando se trata de termos que denominamos *técnicos populares,* ligados a profissões, com significados usualmente diferentes, como:

> *convenção* (da gíria bancária) em lugar de "hora extra";
> *costureiro* (da gíria de halterofilismo) em lugar de "músculo da coxa";
> *macaco* (da gíria automobilística) em lugar de "maquinismo para levantar veículo";
> *afogador* (da gíria automobilística) em lugar de "disco móvel de metal para regular passagem de ar para a carburação";
> *baseado* (da gíria dos usuários de drogas) para "cigarro de maconha";
> *foca* (da gíria jornalística) para "jornalista recém-formado";
> *âncora* (da gíria jornalística) em lugar de "o principal apresentador de um programa de notícias";
> *mancha* (da gíria da diagramação editorial) em lugar de "a parte impressa da página, por oposição às margens" etc.

É fácil imaginar o embaraço que tais palavras, usadas sem prévia contextualização específica ou informação, possam provocar. E nem se pode, normalmente, durante uma conversa, consultar um dicionário ou fazer uma pergunta esclarecedora, pondo em risco a própria **face**, ao demonstrar ignorância.

> **Face** ou imagem pública é o valor social positivo que uma pessoa deseja para si, por meio de procedimentos positivos e evitando os negativos.

Constata-se, pois, uma deficiência conversacional, graças à qual um emissor muitas vezes não consegue transmitir e o receptor não consegue apreender, perfeita e inteiramente, a intenção ou intuição cognitiva do primeiro, como objeto da mensagem (Cf. Carvalho, 1970: 368-369).

Por outro lado, só o conhecimento de um contexto extralinguístico permite interações felizes, como a de que participamos concretamente outro dia. Por informação de terceiros, conheci um homem de uns 70 anos, que, desconsiderando os conselhos do seu médico para fazer caminhadas diárias, ficava sentado numa mureta de uma casa. Com o decorrer do tempo parece que passou a ter problemas mentais leves. Ao passar alguém por ele, ele procurava cumprimentar com as duas mãos e os dedos polegares, fazendo um sinal de *positivo!*. Outro dia, passando por ele, fui cumprimentado dessa forma, o que nos sugeriu responder-lhe com o seguinte conselho:

> *Precisa andar! Precisa andar, heim!*,

ao que ele agradeceu, apenas sorrindo. Tal interação feliz só foi possível graças ao nosso conhecimento prévio do contexto situacional.

Aliás, em termos de contexto extralinguístico, as expressões fisionômicas representam efetivas mensagens, como no caso do "sorriso" do referido idoso. Com efeito, elas comunicam, no mínimo, estados emocionais gerais, ora de alegria, como na expressão fisionômica máxima de um riso, ora de tristeza, como na expressão fisionômica máxima de um choro. A tudo isso deve estar atento o destinatário.

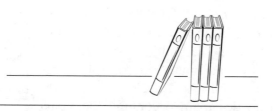

# Tipos de comunicação oral: a conversação

Na realização da chamada língua falada ou comunicação oral, isto é, comunicação por meio da voz, ocorrem vários tipos de situações comunicativas que envolvem locutor e interlocutor, a saber:

**A – a situação de proximidade física entre falante e ouvinte** (interação *face a face*), com contato imediato, abrangendo basicamente os seguintes eventos:

a) *monólogos*, sem intercâmbio direto e alternância de papéis. A mensagem é difundida, como acontece em relatos de experiência pessoal, nas aulas, palestras, discursos etc.

b) *diálogos* ou *conversações* (língua falada conversacional), informais ou formais, com intercâmbio direto e *alternância de intervenção* ou de *papéis conversacionais* entre falante e ouvinte, incluindo *feedbacks*. *Feedbacks* são sinais de controle e regulação da comunicação. No domínio da comunicação designam o conjunto de sinais

> **Intervenção** em outro quadro teórico equivale mais ou menos ao que denominamos adiante *turno* ou *turno conversacional*.

preceptivos, sinais retroalimentadores que permitem conhecer o resultado da emissão da mensagem: se foi recebida ou não, compreendida ou não. Podem representar respostas ou réplicas verbais (pragmáticas) interrogativas, de acordo, de dúvida etc., como *hum?, han han, hun::?, hun::,* conforme a modulação entonacional característica, as quais (respostas ou réplicas) permitem conhecer, pois, o grau de recepção da emissão da mensagem, cumprindo, portanto, uma função fática. Na face a face verdadeira, tais respostas podem ocorrer inclusive por meios não verbais, como acenos de cabeça etc.

Na conversação dialogada, acontecem, eventualmente, monólogos de considerável extensão, por exemplo, digressões ou suspensões do assunto principal em andamento, para contar piadas, pequenos relatos etc.

**B – a situação de distância física entre falante e destinatário** (interação *não face a face*), mas com contato imediato e *feedbacks*, como acontece com a fala "mediatizada" pelo telefone, que são diálogos a distância, possuindo muitas das características da conversação face a face.

A fala mediatizada, ao menos a unilateral, ou seja, de direção única falante ouvinte, pode ocorrer ainda via rádio, TV e, hoje em dia, inclusive videoconferência.

Antes de prosseguir nas nossas reflexões sobre língua falada, faz-se necessário retomar os diálogos (situação **A, B**) e abrir espaço para tratarmos de aspectos organizacionais e estruturais específicos ou mais ou menos específicos da conversação, repassando enfoques básicos e instrumentais para o prosseguimento da nossa exposição.

Anteriormente, já abordamos aspectos de interesse particular para a compreensão dos textos conversacionais, como as "funções da linguagem" (em particular a expressiva, a apelativa e a fática); as condições físicas e psicológicas da comunicação oral; seu material sonoro (qualidade e dinâmica da voz); os gestos, mímica etc.; as situações comunicativas e contextos. Na sequência, ainda que esparsamente, muitos outros serão enfocados. Todavia, no momento, vamos nos concentrar em alguns de maior interesse e oportunidade sobre a organização conversacional.

A linguagem é de natureza essencialmente dialógica e o dialogismo, em que o "eu" só se manifesta verbalmente com o "tu" na mente do falante, é um princípio constitutivo de todo discurso/texto. Na conversação, espécie elementar e básica da linguagem, realça-se, pois, desde logo o caráter par da linguagem. Com efeito, a estrutura básica da conversação são as perguntas e respostas ou sequências semelhantes estruturalmente a elas, como asserções e réplicas e outros **pares conversacionais**.

No manual de Marcuschi (1986) são referidas cinco características básicas constitutivas da conversação, a saber:

> **Par conversacional** é uma sequência de dois turnos (ver logo adiante) que coocorrem e servem para a organização local da conversação.

(a) interação entre pelo menos dois falantes;
(b) ocorrência de pelo menos uma troca de falantes;
(c) presença de uma sequência de ações coordenadas;
(d) execução numa identidade temporal;
(e) envolvimento numa "interação centrada".

Quanto à letra (a), esclareça-se que se trata, em princípio, da interação face a face, não se tomando, entretanto, o sentido de *face a face* "ao pé da letra", como nossa interpretação no caso das conversações telefônicas. Entendemos que, nesse caso, a face a face se realiza graças à copresença física da própria voz, inclusive com as intervenções sonoras simples dos interlocutores, como os *feedbacks hum, hum hum* etc.

Esses sinais retroalimentadores, quando produzidos mecanicamente, isto é, mais ou menos vazios de conteúdo, constituem o que os analistas da conversação denominam um tipo de *marcador conversacional.*

**Marcadores conversacionais** são elementos, formulaicos, típicos da fala conversacional, de grande frequência, recorrência, convencionalidade, idiomaticidade e significação discursivo-interacional. São, na realidade, elementos que ajudam a construir e a dar coesão e coerência ao texto falado, especialmente dentro do enfoque conversacional. Nesse sentido, funcionam como articuladores não só das unidades cognitivo-informativas do texto como também dos seus interlocutores, revelando e marcando, de uma forma ou de outra, as condições de produção do texto, naquilo que ela, a produção, representa de interacional e pragmático. Em outras palavras, são elementos que amarram o texto não só enquanto estrutura verbal cognitiva, mas também enquanto estrutura de interação interpessoal.

Expomos, a seguir, um quadro resumido de marcadores, a fim de que se tenha um exemplário mínimo deles:

## Quadro de marcadores verbais

| do Falante (orientam o ouvinte) | | | do Ouvinte (orientam o falante; retroalimentadores; *feedbacks*) | | |
|---|---|---|---|---|---|
| início de turno | início de frase | fim de turno | fim de frase | convergentes, divergentes | indagativos |
| *E* | *E* | *pois é* | *né?* | *sim* | *claro* |
| *olha* | *então* | *né?* | *não sabe?* | *hã* | *taí* |
| *veja* | *aí* | *certo?* | *certo?* | *ahã* | *será?* |
| *bom* | *daí* | *viu?* | *entende?* | *hã?* | *é?* |
| *eu acho* | *agora* | *entendeu?* | *de acordo?* | *heim?* | *como?* |
| *peraí* | *e* | *heim?* | *tá?* | *hum?* | *o quê?* |
| *mas* | *mas* | *sacô?* | *não é?* | *hum* | *heim?* |
| *certo, mas* | *assim* | *é isso aí* | *sabe?* | *hum hum* | etc. |
| *sim* | *quer dizer* | *que acha?* | *viu?* | *heim* | |
| *como assim?* | *eu acho* | *e então?* | etc. | etc. | |
| etc. | etc. | etc. | | | |

Uma exemplificação contextualizada pode ilustrar melhor o uso:

> Loc 1 – **Veja**... **agora** *que nós estamos falando nisso*... **Eu acho que** *tudo vai se acertar,* **né?**
> Loc 2 – **Mas**, *as coisas não são assim,* **entende?**
> Loc 1 – **Hum hum**. **Mas** *eles disseram que o Brasil cresceu,* **viu?**
> Loc 2 – *Cresceu,* **heim!**
> Loc 1 – **Então** *cê vai lá* **não é?**
> Loc 2 – **Bom**... *o pior horário é de manhã,* **né?**

Ademais, ainda em relação à letra (a), vale acrescentar que, embora se empregue a denominação diálogo, podem ocorrer conversações entre mais de duas pessoas, como nos trílogos, polílogos. Interessa que ocorra, como descreve a letra (b), pelo menos uma troca de falantes ou, como pressupõe a letra (c), pelo menos uma sequência mínima de dois turnos de fala, em movimentos alternados, coordenados e cooperativos.

Quanto à letra (d), na realidade costuma-se dizer que a produção textual conversacional se dá dentro de uma identidade não só temporal como também espacial, ressalvado o caso referido das conversações telefônicas e semelhantes.

Quanto à letra (e), a *interação centrada* diz respeito ao fato de os interlocutores se voltarem para o mesmo tema.

Acrescente-se que há dois tipos de diálogos: diálogos *assimétricos* e diálogos *simétricos*. Nos primeiros ocorre o comando por parte de um falante; nos segundos não há hierarquia entre eles, e é onde mais frequentemente ocorrem os chamados *pares adjacentes*, que são os pares conversacionais quando suas unidades, por exemplo, perguntas e respostas, ocorrem em sequência imediata.

Outra forma de entendermos as noções de assimetria e simetria diz respeito ao tempo que os interlocutores detêm a palavra nas respectivas intervenções. Se a palavra permanecer por mais tempo com um dos participantes, dizemos que se trata de um diálogo assimétrico. Por outro lado, se ambos os interlocutores a utilizarem por tempo mais ou menos igual nas suas vezes, dizemos que se trata de um diálogo simétrico.

Os diálogos simétricos num ou noutro sentido constituem características das conversações naturais. Mas a simetria absoluta é impossível, ou, ao menos, é muito rara nas conversações, pois os turnos evidenciam frequentemente a luta pela palavra.

A expressão *conversação natural* refere-se ao tipo de conversação que se dá na vida diária e que não é motivada por alguma razão artificial. Sobretudo, trata-se das conversações casuais.

Seja nos diálogos simétricos, seja nos assimétricos, a regra básica, cultural e universal, é *fala um de cada vez*, sendo a vez entendida como **turno de fala** ou **turno conversacional** ou simplesmente **turno**, representado pela produção de um falante enquanto está com a palavra. Essa produção pode evidenciar não só fenômenos como frases completas, mas também pausas, hesitações, falsos inícios, interrupções bruscas, correções, sobreposições e simultaneidade de vozes, repetições constantes de palavras lexicais ou gramaticais etc., desde que preencham a vez de fala do falante. O turno é, pois, uma unidade estrutural básica da conversação, mas a unidade mínima conversacional é na realidade um par conversacional.

O turno pode até constituir-se de uma simples palavra gramatical como um "de", equivalendo a uma frase interrogativa, funcionando como uma efetiva intervenção, conforme se observa a seguir:

> Loc 2 – *acho que vai acelerar um pouco um processo que já está acontecendo né?*
> Loc 1 – *dê?*
> Loc 2 – *isso tudo que a gente estava falando né?*
> (*Corpus* do Projeto NURC/SP)

As *repetições* e *correções*, considerando-se que os textos são produzidos colaborativamente pelos interlocutores, podem ocorrer não só pela boca de um falante que se autorrepete e autocorrige, como também pela do seu interlocutor. Temos então que considerar as autorrepetições e autocorreções, mas também as heterorrepetições e heterocorreções. Sobre todos esses fenômenos há aprofundados estudos específicos, sobretudo pelos pesquisadores dos conhecidos Projeto NURC e Projeto da Gramática do Português Falado.

São frequentes as entregas ou passagens pacíficas dos turnos pelos falantes, mas também são frequentes as "roubadas" do turno de um falante pelo falante parceiro, rotuladas de *tomadas de turno* ou *assalto ao turno*. A transição pacífica ou não de um turno a outro está, porém, sujeita a regras e reparos sociais.

É muito referido, e dos mais conhecidos, o modelo de Sacks, Schegloff e Jefferson (2003), baseado no sistema da tomada de turno. Valem ser consideradas, além do que foi exposto até aqui sobre turno, algumas outras propriedades e princípios do sistema lembrados pelos autores, a saber:

- são usadas técnicas de atribuição de turnos;
- a ordem dos turnos e falantes não é fixa, mas variável;
- o conteúdo de cada turno não é fixo nem previamente especificado;
- a distribuição dos turnos não é fixa;
- o tamanho dos turnos não é fixo.

A conclusão de um turno pode dar-se a qualquer momento em que ocorra um *lugar relevante para a transição* (LRT). O LRT pode ser caracterizado por fenômenos relevantes, não absolutos, como: a conclusão de uma ideia ou de uma estrutura sintática, uma entonação baixa, um olhar fixo por alguns instantes, uma pausa, uma hesitação etc. Às vezes, há um falso LRT, favorecendo assaltos ao turno, com sobreposição e/ou simultaneidade de vozes.

Especificamente, pode ocorrer uma formulação frásica a dois, isto é, um interlocutor a começa e outro a termina, principalmente na fala de expressões formulaicas, fixas, frases feitas e provérbios, de conhecimento comum. Costuma-se, então, falar em "sintaxe a dois", que pode ocorrer numa conversação muito centrada temática, social e linguisticamente, como em:

> Loc 1 – *Enfim, todos dizem que o futuro a Deus...*
> Loc 2 – *pertence, né?*

O complemento do enunciado do Loc 2 acontece após uma hesitação ou pausa naturais do Loc 1, mas pode ocorrer também como resposta, provocada por uma curva entonacional ascendente, como sucede, às vezes, em salas de aulas ou sermões em estilo coloquial informal, proferidos em igrejas:

> Prof. ou pregador:  *Enfim, o futuro a Deus?*
> Alunos ou fiéis:    *... pertence.*

Em geral, os turnos de fala encerram estruturalmente *perguntas* e respectivas *respostas*, asserções e réplicas, bem como outros *pares conversacionais*, como comentário-comentário, ordem-execução, convite-aceitação/recusa, cumprimento-cumprimento etc. Nas conversações telefônicas, fala-se em *chamada-resposta*, em que a chamada consiste no tilintar do telefone, mas não constitui o primeiro turno, ao menos verbalmente falando.

Nessa questão dos pares conversacionais, cabe considerar a questão da *relevância conversacional*, representada pela obrigação de o parceiro executar a segunda parte do par. Em outras palavras, dada a primeira parte, uma segunda é esperável. Assim, feita uma pergunta, espera-se uma resposta, mas uma resposta relevante, não do tipo da transcrita abaixo:

> – *O senhor conhece a rua 15 de Novembro?*
> – *Sim.*

O transeunte interpelado não levou em consideração o contexto situacional da produção da pergunta, cuja verbalização, na realidade, implicava "a intenção embutida de um pedido de informação" de como chegar à rua 15 de Novembro. Deve-se observar, finalmente, que muitos fenômenos em relação ao turno – e mesmo em relação a outros aspectos organizacionais da conversação – se implicam e coocorrem. Assim, é frequente as interrupções serem um sinal de assalto ao turno, ou um assalto ao turno se dar durante uma hesitação do falante corrente, ou, ainda, uma sobreposição de voz provocar uma suspensão oracional.

A sobreposição e simultaneidade de vozes, que ferem a regra do *fala um de cada vez*, em si não é um problema linguístico; é comportamental, mas com implicações de ordem linguística.

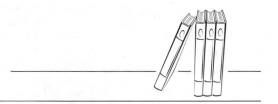

# Língua falada e língua falada conversacional

Com base em tudo o que foi exposto até o momento, vamos procurar sintetizar e complementar parâmetros, fatores, conceitos, condições, variáveis, propriedades, estratégias, enfim, marcas e características linguístico-textual-discursivas da língua falada em geral, e em particular a *língua falada conversacional*. Iniciamos, expondo dois pontos de vista que auxiliam a fundamentação do presente tópico e a caracterização do seu tema, isto é, sobre a língua falada e particularmente sobre a língua falada conversacional, espontânea e informal:

    a) Do ponto de vista das **condições de produção** comunicativa e transmissão, elas se caracterizam por um alto grau de privacidade (isto é, com ausência de público), de intimidade ou familiaridade entre os parceiros;

de envolvimento emocional entre eles; de conhecimentos comuns previamente partilhados (de natureza linguística, cultural, social, das "tradições discursivas", *frames*), ou compartilhados às vezes no momento; por uma referenciação dos objetos da realidade física, so-

> **Frames**: estruturas de conhecimento preexistentes, armazenadas na memória e que são ativadas a partir de estímulos linguísticos ou icônicos. São, pois, campos do conhecimento delimitados, existentes a propósito dos mais diversos assuntos e das mais diversas formas de tratá-los, como a violência, o Natal, o Carnaval etc. (Preti, 1999: 74)

cial ou psicológica pouco densa, além de baixo grau de centração temática; pela cooperação e coparticipação na produção textual, inclusive de caráter não verbal, como olhar, mímica, postura corporal etc.; pela dialogicidade, alternância e intercâmbio entre os participantes; pela espontaneidade entre os interlocutores (por vezes, porém, quebrada por alguma situação de formalidade) e também por um destacado grau de dependência situacional e interacional das atividades de comunicação.

b) Do ponto de vista das **estratégias de produção** linguístico-textual-discursiva ou de formulação e verbalização, levando-se em conta os recursos, regras, convenções sociais etc., o texto oral, sobretudo conversacional, é fortemente marcado pela presença de uma sequência de ações coordenadas, dentro de uma interação centrada (não se tratando de simples acompanhamento linguístico-textual); por elementos para e extralinguísticos, além dos linguísticos; por marcas de improvisações decorrentes da pouca reflexão, da elaboração mecânica pouco consciente; por pouco ou nenhum planejamento prévio, fato que lhe dá um caráter essencialmente de texto em processamento e volátil; por uma estruturação sintática extensiva, fragmentária, linear e agregativa; por elementos verbais e paralinguísticos de emoção ou de interação concreta ostensiva, como interjeições, pausas, pausas preenchidas, hesitações, vocativos, marcadores conversacionais, entonação expressiva, e por uma sequência de informações conteudísticas muitas vezes diluídas, muitas vezes repetidas e muitas vezes elípticas. Somente, porém, graças a tais características, é que normalmente o(s) ouvinte(s) conseguem a compreensão do texto.

Na sequência enfocaremos aquilo que mais pode interessar aos objetivos deste livro, reforçando o propósito de ter em mente, quanto possível, os textos falados de nível popular (sobretudo no sentido de fala espontânea descompromissada do "povo").

São muitos os tópicos que mereceriam ser tratados nesta obra. Mas a impossibilidade de abordá-los todos aqui, por razões várias, nos obriga a remeter os interessados às obras relacionadas na bibliografia, inclusive e particularmente a primeira parte do nosso *Oralidade na literatura: o caso Rubem Fonseca*.

Entre os vários princípios, alguns já referidos ainda merecem pauta especial ou merecem ser retomados e repisados, na qualidade de suporte para a compreensão do texto falado, os seguintes:

- A **ausência de planejamento textual prévio**, decorrente e determinado pela condição de simultaneidade do pensamento e sua formulação textual. Enfatizamos o grau de imprevisibilidade, somada à espontaneidade e automatismo nos procedimentos, que tais condições acarretam à produção das frases orais, explicando e justificando frases e expressões aparentemente extravagantes e despropositais que com frequência ouvimos:

*Me traga um suco **estupidamente gelado**.*
*Ela me **encarou bem de frente**, e falou e disse: você tá **podre de rico** e não pode ajudar?*
*Putisgrila!*
*Neca de pitibiriba.*

- O **aspecto interacional**, considerando-se que a interação é uma realidade fundamental da linguagem; em particular a interação social concreta da conversação, onde os interlocutores estão interagindo verbalmente e, por vezes, fisicamente.

- O **envolvimento dos parceiros**, que ocorre em vários graus e várias direções, de acordo com o grau de intimidade deles, o que favorece a espontaneidade e fluência do intercâmbio verbal.

- O **tópico discursivo**, em particular, o conversacional, sobre o qual fazemos apenas algumas observações, uma vez que o enfoque central do presente trabalho é o estudo da frase, ainda que solta, não necessariamente integrada em tópicos maiores organizados. Recordemos apenas que uma conversação só se estabelece e se mantém se existe algo sobre o que conversar, nem que seja sobre inutilidades "pra jogar conversa fora", como exemplificado no respectivo verbete no dicionário de Mello: "*Jogar conversa fora*. Passar o tempo falando à toa; conversar sobre inutilidades."

Ademais, nesse item cabe considerar e insistir na importância para a compreensão do desenvolvimento e fluência de uma conversação do papel dos conhecimentos prévios, bem como dos conhecimentos recíprocos aflorados e produzidos no momento da conversação, sem os quais pode ocorrer muitos mal-entendidos ou desencaminhamento dos efeitos desejados.

Outro dado relevante nessa questão refere-se às frequentes digressões, quebras ou mudanças de tópicos, conscientes ou inconscientes, sobretudo em conversações com três ou mais pessoas.

Por outro lado, é importante para a análise de uma conversação observar que, frequentemente, o tópico nasce e se desenvolve numa produção "conjunta" dos participantes.

Trazemos de volta a questão das situações comunicativas, não em razão de sua noção em si, mas para ressaltar a necessidade que o falante tem de "se adaptar" às situações reais de fala, sobretudo quanto ao nível linguístico, para que não aconteça o ocorrido com aquele gramático que acabara de ser roubado por um "trombadinha" na Praça da República, em São Paulo, e que reclamava que o referido meliante se safara sem qualquer problema; diríamos: "numa boa". Questionado sobre qual foi sua reação ante o fato, ele justificou:

> – *Eu gritei: PEguem-no! PEguem-no! e ninguém se mexeu.*

Evidentemente, a cena e o ambiente não justificavam o uso de uma construção preciosa e padrão, que recomenda, sobretudo na escrita, o uso da forma "no" no lugar de "o", quando o pronome oblíquo, funcionando como objeto direto, está colocado depois de forma verbal terminada em ditongo nasal, como -*em*. As frases, evidentemente, deveriam ser: *Pega ele! Pega ele!*

São conhecidos muitos outros exemplos semelhantes.

Outras questões de grande utilidade para o estudo do texto falado, medial ou concepcionalmente falando, têm merecido estudos com maior ou menor profundidade e com maior ou menor abrangência. Para nosso enfoque central, consideramos necessário particularmente o estudo da unidade frasal. Entretanto, repassaremos primeiro o que consideramos um levantamento das características gerais e características específicas da língua falada e língua falada conversacional, as quais fornecem o abundante material para a produção das mais inusitadas, mas eficazes mensagens do cotidiano da comunicação verbal espontânea.

## Características gerais

Consideramos, nesse infinito e fluido campo sem fronteiras, como *características gerais*, aquelas comuns a qualquer língua, possuindo, pois, um caráter universal, embora certamente com frequências, recorrências e itens lexicais diferentes. As específicas referem-se apenas à *língua portuguesa*. Umas e outras, isto é, as gerais e específicas, dizem respeito, direta ou indiretamente, ao material linguístico, mas não só, como se perceberá no decorrer da exposição.

Por outro lado, nas características gerais, distinguimos características *intrínsecas* e *extrínsecas*.

Algumas são *intrínsecas* à materialidade da língua falada, isto é, ao canal sonoro enquanto tal, em que a voz, sendo o material básico, condiciona a necessidade da proximidade física entre os falantes. Salientem-se os inerentes traços prosódicos, como a entonação, o ritmo, a altura, a velocidade, a intensidade silábica e/ou segmental, timbres (feminino, masculino, infantil); problemas articulatórios etc. e os possíveis reflexos disso tudo na verbalização do texto falado, como já apontamos no caso do simples *"alô!"* ao telefone.

Outras são *extrínsecas*, independentes dessa materialidade específica do meio. São, contudo, pertinentes à própria linguagem como código de comunicação cotidiana, naturalmente utilitária e concreta, no sentido de que estabelecem uma relação específica, direta ou indireta, entre a palavra e seu referente.

Entre as demais características gerais, de ordem intrínseca ou extrínseca, lembramos, por ora: a entonação afetiva, manifestada, entre outras formas, pelas intensificações da voz; a frequência de repetições (de nível gramatical, lexical ou sintático); as constantes pausas, hesitações, interrupções e correções; o uso de dêiticos pessoais, espaciais e temporais; os marcadores conversacionais ou discursivos típicos; as construções elípticas e anacolúticas; as reações e *feedbacks* da audiência.

Alguns desses fenômenos caracterizam a língua falada em geral, mas também podem ocorrer – e às vezes ocorrem com maior frequência, e por isso os ressaltamos – na conversação, como as heterorrepetições, heterocorreções, heterointerrupções, ao lado das autorrepetições, autocorreções, autointerrupções do discurso oral em geral, como os *feedbacks* (equivalendo estes a verdadeiros turnos, como já demonstramos) e os marcadores discursivos, mais conhecidos como marcadores conversacionais na conversação. E há fenômenos exclusivos da conversação, como os turnos, sobreposições de vozes, perguntas e respostas etc. Ainda como características gerais, retomamos algumas observações já feitas com vistas a caracterizar o estilo coloquial do dia a dia:

(a) os conteúdos cognitivos são relativamente pobres, por serem determinados basicamente pelas necessidades vitais do dia a dia na sua mais simples expressão;

(b) sua exteriorização destina-se a um efeito eminentemente prático e, sobretudo, imediato;

(c) a fala se realiza com um mínimo de consciência da escolha das formas linguísticas usadas e com um mínimo de adesão consciente ao sistema da língua.

Justificando essa afirmação, observe-se, entre outras já referidas, a expressão *neca de pitibiriba*, em que o "neca" prende-se ao latim "nec", mas o "pitibiriba" não encontra nenhuma explicação na língua-sistema. Aliás, em termos de consciência, nem o "neca" é produzido com um mínimo de consciência: é simples uso repetitivo, como, aliás, costuma acontecer com inúmeros outros fenômenos da língua falada. Nesse sentido, insinuando até um uso ilógico da linguagem, lembrem-se:

| | |
|---|---|
| *ter um piripaque;*<br>*suco estupidamente gelado;*<br>*tá bom demais.* | *tá frio pra burro;*<br>*chique de doer.* |

Ou, ainda, o que ouvimos numa conversa recente:

Loc 1 — *Tá vendo? Eu não sou pouca porcaria!*
Loc 2 — *Exatamente!* (aprovação extravagante, porém automática e distraída)

Ao lado dessas propriedades, lembramos a fuga natural da abstração e do esforço reflexivo determinados pelas motivações existenciais e sociais imediatas do dia a dia e a necessidade de entendimento rápido das mensagens. Nesse aspecto é oportuno lembrar que as repetições, os marcadores, as pausas, as hesitações e outros fenômenos semelhantes representam *campos semânticos mortos,* "patinações" ou descontinuidades semânticas que abrem espaço, favorecendo o próprio entendimento das mensagens faladas, as quais seriam difíceis de ser acompanhadas *pari passu in praesentia* se fossem muito densas semântica e formalmente falando, como já apontamos.

Ademais, o pensamento concreto, condicionando uma **expressão concreta** especificamente por palavras de teor concreto, se

> Ver adiante "Características léxico-semânticas".

explica pela natureza do próprio pensamento espontâneo do homem do povo. É que o caminho mais rápido, prático e eficiente para se tomar conhecimento das noções abstratas e para as tornar compreensíveis aos outros é associá-las aos objetos sensíveis. Daí a frequência, por exemplo, das onomatopeias ou a concretização de um substantivo abstrato, graças ao uso do artigo ou de outros recursos, como em:

| | |
|---|---|
| *Você tem **umas ideias** ...* | *Era uma viagem toda feita de **medos**.* |

Daí também a frequência das comparações, imagens e metáforas, naturalmente não de caráter estético-literário, refletido e consciente, mas sim, elementar, irrefletido e espontâneo.

A comparação e as imagens são, de modo geral, não só uma compensação à carência vocabular da linguagem popular, como também correspondem à tendência concretizadora da linguagem cotidiana. Todos nós temos a tendência instintiva de concretizar as sensações, emoções e percepções para expressá-las melhor. É uma tendência que se revela com clareza no mundo eminentemente concreto da nossa linguagem cotidiana, quase sempre construída com imagens. (Cf. Coelho, 1976: 64)

A comparação popular é um dos meios expressivos mais belos e correntes para realçar linguisticamente a característica atribuída a um ser, comparando-o a um objeto ou pessoa, de qualidades consideradas expoentes.

Entre os diversos tipos de comparação, destaca-se como um dos de mais vitalidade a comparação de igualdade, abaixo exemplificada:

> *É bom como um santo.*

Justifica-se a predileção pelo processo, em virtude de na comparação de igualdade poder elidir-se o adjetivo, conforme o modelo *é como um santo,* passando-se da comparação à metáfora.

Em português popular, o *como* é frequentemente substituído por *que nem* ou *feito:*

> *Ela fala que nem papagaio.* | *É seco que nem bacalhau.*

Comparações muito usadas popularmente são também as combinadas com oração condicional (*como se*):

> *Ela ria como se nada tivesse acontecido.*

A linguagem coloquial é também mais *analítica,* característica que já justificava, no analitismo do latim vulgar, formas como *amare habeo* em lugar de *amabo,* tanto quanto no português falado moderno se usa *vou te amar,* como uma expressão analítica mais concreta e mais expressiva do que *te amarei* ou o excêntrico *amar-te-ei.*

Entendemos que o chamado "gerundismo", isto é, o uso não justificado do gerúndio, quando se refere a ações pontuais e não em curso, também cumpre semelhante aspecto analítico da fala popular:

> – *Vou lhe estar mandando* o e-mail imediatamente.

por apenas:

> – *Mandarei* o e-mail imediatamente.

Quando, porém, uma fórmula sintética puder traduzir mais concretamente um conceito abstrato, esta será a usada. Assim se explica a preferência de metáfora do tipo *Este advogado é uma raposa*, ao invés da comparação *Este advogado é astuto como uma raposa*, para expressar a ideia abstrata de astúcia.

Com efeito, na língua falada prevalecem as estruturas mais simples de comparação e metáfora, que suprem certa preguiça verbal para exprimir com exatidão e clareza todos os possíveis matizes das ideias e dos sentimentos. Na verdade, "as figuras de linguagem [...] são importantes não só na linguagem literária, mas também na linguagem do povo, que tem a sua retórica intuitiva. Já Dumarsais dizia, com evidente exagero, que se fazem mais metáforas num dia de feira do que numa sessão da Academia" (Martins, 1989: 91).

Ao tocar na figura da metáfora, sobretudo a metáfora popular, parece de suma importância uma referência e um comentário sobre a questão da *denotação* e *conotação*.

A significação linguística é, em princípio, fluida e pressupõe a polissemia; ela só se torna precisa a rigor quando vinculada aos contextos.

Por mais variados que sejam, os sentidos das palavras e as construções linguísticas situam-se em dois níveis ou planos, ainda que com amplitudes variáveis: o da *denotação* e o da *conotação*.

Na sequência, alinhamos alguns atributos que caracterizam esses fenômenos, crendo-os suficientes para as observações a serem feitas posteriormente.

O sentido denotativo (ou referencial) é o sentido real, objetivo, usual, coletivo, contemplado na primeira ou primeiras acepções nos dicionários, sendo objeto de um consenso na comunidade linguística. Corresponde à significação *stricto sensu* da palavra ou construção, ou seja, ao seu valor representativo como símbolo de um elemento do mundo biossocial. Contém, inclusive, o sentido polissêmico, esclarecido, porém, pelo contexto linguístico.

Por outro lado, conotação é o que a significação tem de particular para o indivíduo ou um dado grupo; é a parte do sentido de uma palavra ou construção que não corresponde à significação *stricto sensu* referida. O sentido conotativo é o sentido não real, subjetivo, individual, figurado, metafórico, sendo sugestivo, evocador, emanado ou depreendido do real, por qualquer tipo de relação (semântica, formal etc.).

Se tomarmos a palavra "cão", ela contém significação denotativa quando denota, aponta, designa o animal doméstico, mamífero etc.; mas será pura conotação quando seu contexto sinalizar que ela expressa o desprezo por uma pessoa.

Apuradas essas noções, passamos a algumas reflexões.

A primeira é que os campos de aplicação por excelência da conotação são as figuras de linguagem, as expressões idiomáticas e a gíria, todas referidas no presente estudo.

A segunda, referente às funções emotiva e de apelo da linguagem, funções presentes intensivamente na linguagem falada espontânea cotidiana, é que a conotação corresponde à capacidade da palavra ou construção de funcionar para uma manifestação psíquica ou um apelo.

A terceira destaca a expressividade que perpassa qualquer texto falado e, em particular, os fragmentos impregnados de conotação, lembrando, por oportuno, o audacioso pensamento de que a expressividade faz das figuras conotativas instintivamente cabos elétricos da mais alta tensão.

A quarta refere-se, especificamente, às expressões feitas populares que podem ser usadas ora com o sentido denotativo ora com o conotativo, constituindo, porém, de modo geral, o uso denotativo uma frequente exceção em termos de uso. Na sua origem, em geral, tais expressões nasceram denotativas e, obviamente, não representavam fórmulas fixas, cristalizando-se depois, quando também passaram a ter emprego conotativo. Integradas ao acervo linguístico, de vez em quando, porém, até de maneira consciente, voltam a ser usadas denotativamente.

O sintagma *morder a língua*, por exemplo, tem o sentido original denotativo de "ferir a língua (órgão) com os dentes" na frase:

> *Meu dente está tão fino que qualquer hora vou morder a língua.*

Mas um sentido conotativo de "reprimir-se no ímpeto de falar algo picante ou maldoso que ia proferir" na frase pode ser:

> *Quis falar mal dela, mas mordeu a língua.*

Devemos considerar, ademais, que há compostos ou expressões que são parcialmente denotativas ou parcialmente conotativas. Assim, na expressão *matar a sede* no sentido de "saciar a vontade natural de beber água" ou no de "beber com sofreguidão", *matar* é conotativa em relação ao sentido do verbo "matar" e denotativa em relação à significação da palavra *sede*, a qual mantém o sentido do dicionário. Esclarece-se, ainda, que *sede* tem valor denotativo, mas a expressão toda, de que participa, é linguisticamente *convencional*, sendo a palavra *sede*, portanto, insubstituível por sinônima, pois isso desmontaria a convencionalidade da expressão como tal.

Voltando às observações sobre as fórmulas sintéticas, a língua falada funde num só enunciado os elementos objetivos e subjetivos do pensamento, ao contrário da sintaxe elaborada que, de maneira mais lógica, exprime "discursivamente as relações entre os elementos das duas ordens". Para a exclamativa

> *Pobre homem!*

da língua oral, tem-se a frase integral:

> *Eu lamento este homem porque ele é infeliz.*

Ao exemplificar a função emotiva, já havíamos lembrado, entre outros, o caso semelhante:

> *Minha vida acabou!*

Também fato semelhante acontece na resposta "sim" a uma pergunta fechada, lembrando-se que *perguntas fechadas* são perguntas do tipo "sim-não", em oposição às perguntas "sobre algo" ou *perguntas abertas*, como: quem?, qual?, como?, onde?, quando? etc.

Os exemplos vão mostrando, igualmente, que o comportamento exagerado do falante provoca uma *linguagem enfática* e *intensificadora*, com uma expressão reforçada. São diversas as categorias linguísticas que permitem esse efeito: advérbios, pronomes etc.:

> *Me dá uma cerveja **estupidamente** gelada.*
> ***Aquela ali** é minha mãe.*
> *Nunca pensei que houvesse homens com **aquela** coragem.*
> *Miguel é **o** funcionário.*

Paralelamente a esse aspecto intensificador que impregna a língua falada conversacional, sempre é bom repisar e frisar seu elevado grau de **expressividade**, veiculado por meio de inúmeros recursos e que entendemos jamais conseguido pela língua escrita.

> Especificamente sobre **a expressividade e seus recursos**, remetemos os interessados ao artigo "A expressividade na língua falada de pessoas cultas" (Urbano, 1999).

Retextualizar um texto falado para o escrito é como transformar um corpo vivo num corpo de pedra fria. Ou numa imagem menos agressiva: transformar uma conversação num relato escrito é como transformar uma rosa natural numa rosa artificial: faltar-lhe-ão viço, vigor e vida. Dificilmente se recupera no escrito a expressividade do oral. Infelizmente, porém, a vida da rosa, como de um texto oral, é passageira, ao passo que o texto escrito praticamente se eterniza; o que é um dos seus grandes trunfos.

Ao encerrar essas considerações sobre as características gerais, reafirmamos que muitas delas decorrem justamente da materialidade e manifestas condições desse tipo de comunicação, que se realiza pela voz, e, consequentemente, pela presença dos sujeitos envolvidos e pela simultaneidade do pensamento e da expressão.

## Características específicas

Para o presente trabalho, servimo-nos de gramáticas modernas com alguma preocupação pela modalidade falada da língua; de estudos que, analisando escritores ou examinando a norma literária do modernismo, cuidaram específica ou acidentalmente da língua oral; de fitas de gravação realizada pelo Projeto NURC/SP e outras.

Também computamos aqui nossa experiência pessoal em pesquisa informal de campo, gravando de ouvido e reproduzindo de memória, e eventualmente resgatando da memória coletiva inúmeras situações informais de falas casuais e espontâneas vividas. Dessa forma, por certo, foram realizados muitos outros levantamentos que sustentaram vários estudos sobre a língua falada.

Ainda, decidimos proceder a uma investigação e descrição, orientados, de modo geral, pelas divisões tradicionais de nossas gramáticas da língua escrita. As *análises contrastivas entre a língua falada e a língua escrita* têm-se mostrado bastante proveitosas, quando descortinam no seu horizonte os níveis fonético-fonológico, morfológico e sintático descritos nas referidas gramáticas, ainda que com abstração eventual direta das categorias próprias da língua oral, como repetições, correções, marcadores conversacionais etc., as quais talvez melhor justificassem a trajetória das descrições.

> Há quem ponha em dúvida a metodologia de cotejar as propriedades e características da língua falada com as da língua escrita. Sem polemizar e polarizar, porém, levaremos em conta essa prática já avalizada em outras ocasiões.

Embora com propósitos descritivos, não se trata, aqui, de uma exaustiva descrição da língua falada, mas de um levantamento suporte para o estudo e compreensão do perfil de frases orais.

Podemos reportar-nos, então, a características *fonéticas* e *fonológicas*, *morfossintáticas*, especificamente *sintáticas* e *lexicais*. As lexicais, na realidade, foram inventariadas como características léxico-semânticas, por nos parecer esse rótulo mais abrangente e pertinente.

Todavia, como o objetivo específico da presente obra são as "frases orais", de estrutura oracional ou não, e a parte da gramática, que tradicionalmente aborda a oração ou frase, é a sintaxe, julgamos de interesse, para a trajetória e progressividade da exposição, inverter a ordem da sequência. Foram antecipadas, para o início, as características léxico-semânticas (que, ademais, não fazem parte propriamente da gramática), a fim de que as características típicas de ordem sintática constituíssem a parte última, imediatamente anterior ao estudo da frase.

De modo geral, pode-se dizer que a língua falada, pensada em nível de uma conversação espontânea, configura-se, na superficialidade do texto, fonética, morfossintática, sintática e léxico-semanticamente bastante diferenciada em relação à língua escrita, representada esta, por exemplo, por um texto escrito (o "escrito escrito") e aquela no nível de linguagem popular.

## Características léxico-semânticas

No presente tópico, o qualificativo léxico pretende contemplar também locuções, expressões e mesmo construções cristalizadas de feição frásica.

Quanto aos aspectos mais estritamente lexicais, podemos de início registrar o que constata Preti (2003: 32) quanto ao léxico popular (popular *stricto sensu*), em que "predomina um vocabulário restrito, de uso muito amplo nos diversos sentidos, muitas vezes abusivo na gíria e nos recursos enfáticos, como os termos obscenos".

Por outro lado, o vocabulário da linguagem coloquial, entendida por nós como popular em sentido amplo, é relativamente pequeno, pois é o de que nos servimos na vida diária para satisfazer as necessidades triviais da comunicação oral. Compõe-se, na sua grande maioria, de palavras de teor concreto, ligadas a coisas ou a situações reais. Junto a um léxico afetivo, composto de uma multidão de formas exclamativas e apreciativas, de termos equivocados, aparecem palavras abstratas de grande convencionalismo e termos para a informação utilitária do dia a dia. Ocorrem espontaneamente na linguagem corrente e são aprendidas geralmente de ouvido.

As referências ao "vocabulário relativamente pequeno" e a "termos equivocados" levam-nos a considerar, desde já, o uso frequente das chamadas *palavras-ônibus* ou *vulgarismos léxicos*, como *coisa, coisar, negócio, treco, trem, troço, o dito-cujo* etc., às vezes tachados como chapas, lugares-comuns, clichês etc., como os já referidos atrás.

Ferreira (2009: 494), no verbete "coisar", ao classificar essa palavra como *brasileirismo popular*, diz que "na linguagem inculta esse verbo substitui qualquer outro que não ocorra a quem fale". Cremos que a mesma observação, até com maior evidência ou propriedade, cabe em relação à palavra "coisa". Aliás, entendemos que essa palavra é, às vezes, praticamente insubstituível, ao menos dentro da economia e fugacidade que caracterizam a comunicação de modo geral e a popular de modo particular.

Poderíamos exemplificar com inúmeras ocorrências em todos os níveis, seja neste livro, seja em inúmeros outros textos, como verbetes de dicionários. Mesmo para evitar proferir a palavra "diabo", a superstição popular substitui essa palavra por *coisa-ruim*, entre outras.

E o humor ou o comportamento distraído do povo faz *trocadilhos* com tais palavras-ônibus, que, como tais, os justificam. Recentemente ouvimos, parecendo até piada, uma pessoa de um grupo, numa estação ferroviária do interior paulista, dizer precipitadamente aos demais, ante a chegada do trem:

> *Vamos juntar os **trens** que a **coisa** tá chegando.*

Até "coiso" já ouvimos, várias vezes. Numa delas, uma mulher, referindo-se a um prato e um garfo, disse simplesmente ao marido:

> *– Guarda os dois **coisos** lá em cima pra mim?*

Na realidade, esse vocabulário relativamente pequeno se refere às palavras simples ou compostas. Mas a elas deve-se acrescentar as expressões e locuções populares que, em grande quantidade, constituem um verdadeiro vocabulário complementar, muitas vezes insubstituível.

Aplica-se, aqui, o oportuno e feliz comentário de Tagnin (1989: 58), quando justifica as *fórmulas situacionais*: "Sabemos muito bem quanto embaraço nos causa uma situação em que 'não sabemos o que dizer'. Pois bem, são as fórmulas situacionais quem vêm em nosso socorro nesses momentos."

Para as palavras "treco" e "troço", são válidos comentários como: "Qualquer objeto, coisa ou palavra cujo nome ou significado não se sabe ou não se quer declinar." É o caso também de "coisas", que equivale a uma pró-forma, como pronome ou dêitico.

Com outras palavras também, já dizia coisa semelhante Preti (1984: 19), a propósito da ideia do "cérebro comum popular": "De fato, se pedíssemos a uma pessoa do povo que expressasse um pensamento de maneira diferente daquela que lhe é habitual, dificilmente teríamos uma segunda forma de dizer."

Na realidade, no uso de "coisa", "coisar", "negócio", nem sempre se trata de não saber o que dizer, mas sim de não encontrar rapidamente a(s) palavra(s) para dizer. O povo em geral, o esquecido, o despreocupado linguisticamente não titubeia em usar tais vulgarismos léxicos... de que até os dicionaristas e escritores se socorrem com frequência.

O léxico falado popular caracteriza a cultura e a psicologia populares, que, de modo geral, têm motivações universais e seculares. É verdade que muitas palavras usadas na fala popular o são também na língua escrita padrão, outras são deslocadas da área semântica da variedade culta, outras apresentam "atrevidas metáforas". Mas muitas nascem no seio mesmo do povo e outras ainda cristalizam-se reduzidas ou deformadas foneticamente.

Cabe advertir, porém, que é muito difícil estabelecer distinções entre vocábulos e expressões cultas e populares. Em sequências como:

| | |
|---|---|
| a) diálogo, conversa e "papo" | c) presenciar, assistir e ver |
| b) divergir, brigar e "quebrar o pau" | d) malandro e pilantra |

é possível dizer que *diálogo*, *divergir* e *presenciar* (primeiras palavras das letras a, b, c) sejam palavras de uso mais culto, enquanto *"papo"*, *"quebrar o pau"* e *pilantra* (últimas palavras das letras a, b, d) sejam palavras ou expressões mais populares, quando não, mesmo vulgares. Mas *brigar, assistir, ver* e *malandro* tanto podem pertencer ao vocabulário culto quanto ao popular.

A diferença é que tais palavras são empregadas, no dialeto culto, de maneira mais consciente e precisa do que no popular.

Neste, o mesmo vocábulo apresenta, muitas vezes, generalizações e imprecisões de sentido, que o contexto situacional, porém, prontamente dirime.

Vários são os recursos utilizados para a classificação de uma palavra como popular, em sentido restrito ou amplo. Primeiramente nos baseamos na própria classificação dos dicionários, sejam comuns, como o *Novo dicionário Aurélio da língua portuguesa*, de Aurélio Buarque de Holanda Ferreira, sejam específicos de palavras populares e gírias, como o *Dicionário de termos e expressões populares*, de Tomé Cabral, *Conversando é que a gente se entende: Dicionário de expressões coloquiais brasileiras*, de Nélson Cunha Mello, entre outros.

Paralelamente, levamos em conta mais os seguintes fatores:
- o desvio do sentido original para sentido naturalmente popular, vulgar ou grosseiro;
- o teor concreto das palavras;
- a extensão de sentido e a sua consequente imprecisão;
- a criação, formação ou deformação de palavras e significantes (*cadê, casório, economês, paixonite, afinadérrimo, maciota, fedengoso, amoreco* e outros termos gírios);
- a caracterização do ambiente ou do falante.

A própria extensão e pronúncia das palavras podem ser determinantes do seu uso. A fuga à dificuldade prosódica parece manifestar-se, por exemplo, na pouca frequência de palavras longas e **proparoxítonas**.

> João Almeida, patriarca de Pedra Azul, em Minas, capital internacional da água-marinha, além de rei do azul, era deputado. Fortunato Pinto Júnior, jornalista e *ghostwritter*, escrevia seus discursos. Sábio e bom, o doce coronel só não gostava de proparoxítonas:
> – Toninho, não bota no discurso palavra que tem pauzinho lá atrás, porque a dentadura cai. (*Folha de S. Paulo*, 26 maio 1977, p. 3)

Mais especificamente, e lembrando que aqui estão sendo considerados aspectos de ordem semântica, podemos dizer, com base na bibliografia apontada, que, no vocabulário popular e oral, ocorrem com muita frequência:

**(1) Expressões com valor semântico indeterminado, impreciso, genérico ou ambíguo.**

| | |
|---|---|
| *não sei aonde;* | *deixe pra lá;* |
| *não sei que;* | *quem sabe;* |
| *não sei o quê;* | *um instantinho;* |
| *não sei de onde;* | *logo mais;* |
| *sei lá;* | *amigão* (para qualquer pessoa |
| *uma coisa assim;* | que se queira agradar) etc. |

Incluem-se aqui as chamadas *palavras-ônibus* referidas anteriormente e, quando vazias de sentido em certos turnos, como *sei lá*, equivalem aos *marcadores conversacionais*.

Há, com efeito, uma significativa frequência nas ocorrências de indeterminação e generalização, muitas vezes conscientemente evasivas, na conversação diária. Há um gosto pelo indefinido, pelo genérico, graças ao qual a linguagem vai desenvolvendo uma série de fórmulas com fins pragmáticos. São construções às vezes evasivas, indeterminadas que ajudam na fala diária. Entre outros, servem de exemplos inicialmente:

| | |
|---|---|
| *Qual é a dele?* | *Sabe como é...* |

Mas, por se tratar de uma característica muito evidente e frequente na língua popular – e não só na perspectiva léxico-semântica, mas também linguístico-discursiva de modo geral – apontamos mais algumas ocorrências frequentes de indeterminação:

*Aquele homem tem **uns** setenta anos.*
*Aquela mulher já tem **certa** idade.*
**Provavelmente** *seu empréstimo sai amanhã.*
***A gente*** *se comunicava muito.* (= **eu** me comunicava ... ou **nós** nos comunicávamos ...)

Em alguns casos, há simples indeterminação; em outros, trata-se de um comportamento evasivo, como, com certeza, em:

> *Aquela mulher já tem **certa** idade.*

Em particular, pode-se apontar ainda o uso frequentíssimo e **egocêntrico** do *eu acho que* como marcador conversacional, mais ou menos vazio semanticamente, e desde que enunciado como rotina mecânica de resposta em início de turno, como em:

> Ver adiante a noção de **egocentrismo**, em "Características sintáticas".

> ***Eu acho que*** *eu não sei responder.*

Entretanto, em certas situações, seus conteúdos semânticos revelam incerteza real, opinião mais ou menos vaga e questionável, que o falante pretende denunciar.

**(2) Expressões típicas do discurso oral descontraído da conversação**, como:

| | |
|---|---|
| *numa dessa;* | *numa pior;* |
| *sem essa;* | *na sua;* |
| *numa boa;* | *tudo bem.* |

Muitas dessas expressões são ricas em elipses, podendo conter **palavras implícitas**, como situação, opinião, intimidade etc.

> Ver também adiante perífrases com o verbo fazer: *fazer das suas*, na qual se pode subentender a palavra "artes".

**(3) Expressões idiomáticas.**

Esse tema por si só mereceria uma longa exposição, impossível na presente obra. Por ora, remetemos o leitor aos comentários anteriores sobre conotação e denotação, quando se chamou a atenção para a frequência das comparações, imagens e metáforas, no tópico das "Características gerais", e ainda ao item 4 a seguir (expressões de situação) que complementam a questão. Por outro lado, fazemos uma pequeníssima lista, que, também por ora, pode favorecer uma melhor noção dessas categorias e instrumentalizar a presente obra:

| | |
|---|---|
| *ao pé da letra;* | *fazer de gato-sapato;* |
| *bater as botas;* | *ficar com a pulga atrás da orelha;* |
| *cair na real;* | *ficar com um pé atrás;* |
| *chorar as pitangas;* | *morder a língua;* |
| *chorar de barriga cheia;* | *nem que a vaca tussa;* |
| *dar com os burros n'água;* | *suar pra burro;* |
| *dobrar a língua;* | *ter costas quentes;* |
| *é fogo;* | *tirar de letra.* |

Também apresentamos, como mais um exemplo, um caso contextualizado, até para demonstrar a versatilidade de sua aplicação. Segunda-feira, sete horas, o dono de uma banca de jornal pergunta a um cliente amigo:

> Dono: – *Trabalhou muito ontem?* [isto é, no domingo]
> Cliente: – *E como! Foi um tal de carregar sofá...*
> Dono: – *Agora o sofá é que **paga o pato**?*

### (4) Expressões de situação.

Said Ali, já em 1927, reconhecia que muitas palavras e frases eram frequentemente consideradas como palavras expletivas ou simples elementos fáticos ou de sobra, quando analisadas com os recursos usuais da gramática ou da lógica. Entretanto, entende-os ligados à situação e, portanto, específicos da língua falada, chamando-as de situação. Todo falante as emprega espontaneamente, mas não a esmo; emprega-as em determinadas situações. Não são desnecessárias ou inúteis. Basta tentar eliminá-las, para ver que as proposições se tornam mais vagas e falhas de certo intuito que se tem em mente. As várias situações existentes no diálogo, na conversação, no trato familiar determinam o uso dessas expressões, alheias, talvez, à parte informativa, mas capazes de conseguir intuitos que palavras formais não conseguiriam. Depois das considerações preliminares, o autor passa a fazer um estudo detalhado e exemplificado dos valores de palavras e expressões como as que seguem, enquanto vinculadas à situação, tratando até do "silêncio":

| | |
|---|---|
| mas; | *enfim;* |
| então; | *finalmente;* |
| agora; | *pois;* |
| sempre; | *olha;* |
| felizmente; | *sabe;* |
| infelizmente; | *se;* |
| afinal; | *é que.* |

Lembramos, aqui, o uso bastante frequente de *pois é* como marcador conversacional ou palavra de apoio inicial de turno em diálogos jornalísticos a distância. Num caso concreto, registramos a seguinte ocorrência, em que um jornalista "âncora" pergunta e seu repórter responde:

Âncora:  – *E a situação aí no Rio, como está agora?*
Repórter: – **Pois é**, *o volume d'água aqui continua acima do nível normal.*

Como palavras e expressões de situação, a perspectiva dessas expressões é, sobretudo, situacional, enquanto na visão de marcadores conversacionais é mais interacional.

Sob o título genérico de *fórmulas situacionais* e com enfoque diferente, Tagnin (1989: 56) lembra as "expressões fixas usadas em determinadas ocasiões, quer sejam obrigatórias ou opcionais. Essas expressões abrangem desde fórmulas de polidez e de distanciamento, até provérbios, passando por frases feitas, citações e fórmulas de rotina".

Na sua introdução sobre o assunto, ressalta a importância das fórmulas situacionais no convívio social, lembrando, entre outras coisas, de interesse particular para o presente trabalho, que:
- nas conversações que mantemos diariamente, grande parte delas segue caminhos já trilhados;
- no geral, nossas conversas carecem de conteúdo, desenvolvendo-se de acordo com padrões pré-moldados de pensamento e de expressão verbal;
- na realidade, isso faz nossa comunicação fluir com mais facilidade e eficiência, pois evita que a todo momento tenhamos de ser criativos – o que seria absolutamente impossível.

Isso vale igualmente para o ouvinte, pois ele também não teria condição de estar constantemente nos decodificando; na conversação diária, grande parte do que é dito é entendido até mesmo antes de ser completado.

Na sequência, são lembrados alguns tipos de *fórmulas situacionais*, das quais destacamos as *fórmulas fixas*, como:

| Não seja infantil, O gato comeu sua língua? Falando do diabo... Vá contar pra outro. | Tal pai tal filho. Nem tudo que reluz é ouro. |
|---|---|

As fórmulas fixas podem ser divididas em:
- frases feitas;
- fórmulas de rotinas, que podem ser:
  - diárias, de veiculação corrente na comunidade toda, como:

| Oi! Bom apetite! | Bom dia! Até logo! |
|---|---|

– ocasionais, circunstanciais, como:

> *Obrigado!*
> *Desculpe;*

– relacionadas com eventos festivos ou tristes, como:

| | |
|---|---|
| *Feliz Natal!* | *De nada!* |
| *Parabéns!* | *Meus pêsames!* |
| *Não há de quê!* | *Meus sentimentos!* |

– individuais, funcionando como verdadeiros bordões identificadores, como, por exemplo:

> MaraVIlha!
> PapaGA-io!

**(5) Elementos fáticos.**
Reportando-nos à *função fática*, abordada no item "As funções da linguagem", recordamos que tal função se manifesta por meio de elementos, lexicais ou não denominados justamente como elementos fáticos, como:

| | |
|---|---|
| *alô!* | *hum hum!* |
| *entendeu?* | *tudo bem!* |
| *sabe?* | *Oi!* |
| *Hum.* | |

Já havíamos observado que tais elementos são com frequência semanticamente vazios, sendo considerados *marcadores conversacionais* a serem analisados nas suas funções enunciativas e interacionais. Na realidade, dadas as funções de muitos desses marcadores, eles podem ser estudados também sob um aspecto léxico-semântico. E hoje eles são consensualmente interpretados como multifuncionais.

Eles também são rotulados como "nexos coloquiais", "muletinhas" e "palavras de apoio". Sua função principal não é significar símbolos nem sinais, nem entrar numa estrutura sintática oracional, mas permitir que a tensão coloquial mantenha seu ritmo, preenchendo as pausas ou lacunas que em todo diálogo se produz, permitindo a cada interlocutor encontrar ou construir sua expressão.

Antes de encerrar, convém uma referência ao tamanho e à frequência de uso das expressões. Em princípio, elas são normalmente mais curtas do que as frases feitas, até por que, para a consideração da noção das frases feitas, pensamos em estruturas sintáticas mais completas. Ainda assim vale a pena observar que as expressões curtas, de em média duas palavras lexicais, são as mais frequentes em geral e particularmente nas conversações espontâneas, como:

| | |
|---|---|
| *papo firme*<br>*braço curto* | *falar pelos cotovelos*<br>*nem a pau* |

Em termos de expressões fixas populares, idiomáticas, de situação e elementos fáticos, nossa experiência com certeza leva-nos a parafrasear Dumarsais anteriormente referido: "usam-se e se ouvem no dia a dia mais expressões desses tipos do que nossa mão consegue anotar e nossa memória consegue armazenar".

No estudo final específico da "frase oral", discutiremos as chamadas frases feitas de uma forma mais específica.

**(6) Dêiticos.**

A língua falada, condicionada por natureza aos elementos da situação, é carregada frequentemente de um vocabulário *dêitico*, com função pronominal. Na comunicação falada, o vocabulário deixa de ser muitas vezes conceitual, tornando-se vazio, apenas alusivo, como já temos observado. À medida que os elementos constitutivos da situação (identidade dos personagens, lugar, data, hora, assunto) são conhecidos, o vocabulário refere-se a eles apenas por alusões (*você* designa o receptor; *eu*, o emissor; *aqui*, o lugar; *agora*, o tempo; *isto*, o assunto da comunicação). Convive, na língua falada, uma quantidade significativa de pronomes e advérbios pronominais a se amalgamarem com os dados da situação. Na realidade, na língua oral, dificilmente deixa de ocorrer o elemento dêitico. Seria difícil conceber um curto texto falado em que o *eu*, o *aqui*, o *agora* ou seus correlatos, por exemplo, não sejam empregados. Sirva de exemplo:

> *Por **aqui agora eu** não **te deixo** passar nem a pau.*

Na realidade, esses pronomes e advérbios pronominais são sempre semanticamente vazios na gramática e no dicionário, mas plenos graças ao cotexto e à situação, quando em uso; o que os caracteriza como dêiticos: *dêixis cotextual* ou *dêixis contextual*.

**(7) Gíria.**

A *gíria*, já lembrada anteriormente, merece uma referência especial neste capítulo, seja a de grupo, seja a comum, não por ser exclusiva da fala ou da linguagem popular – pois hoje em dia já não é – mas pela sua origem e grande frequência na fala popular e pela sua carga de criatividade e expressividade. Pode-se dizer que tal é a sua força expressiva que dificilmente uma conversação espontânea, descontraída, numa linguagem distensa do dia a dia dela pode prescindir.

Com ou sem o caráter criptológico de linguagem de grupo, a gíria se manifesta mais profusamente em grupos de malandros, comunidades de favelas, grupos de jovens, mas também como vocabulário agregado à linguagem cotidiana, e, assim, aparece em conversas do dia a dia e em músicas, cinema, teatro, literatura.

Há muitos dicionários de gíria, com menor ou maior rigor de seleção, e há igualmente muitos estudos com menor ou maior profundidade, que podem ser manuseados para estudos específicos ou consulta de referência. Aqui, só para exemplificar rapidamente o fenômeno, retomamos *Taí*, atrás referida, ora verbalizada no verbete de um dicionário:

> *Taí* está aí. *Taí, cara, num era o que cê queria?*

ora no de outro muito antigo, de mais de cinquenta anos, como:

> *Taí*(cap.) Está aí. Tanto pode ser afirmativa, quanto voz interjectiva.

onde a abreviatura (cap.) quer dizer: gíria de caipiras ou capiaus, mas cremos que também se trata de gíria urbana.

Também fazemos referência a *fedengoso* (de fedegoso), registrado por Serra e Gurgel (1998), e *o dito-cujo*, lembrados por nós em outras passagens.

De difícil diferenciação em relação à gíria, sobretudo a gíria comum, mas participando também da massa lexical popular, aparecem os já mencionados **vulgarismos** e o **vocábulo grosseiro**. Preso ao campo do erotismo e da obscenidade, o vocábulo *obsceno* caracteriza normalmente a fala de grupos de pessoas de menos cultura e posição social, e/ou de menos escrúpulo ao falar.

**(8) Clichês, lugares-comuns, chavões.**

Além dos fatos lexicais anteriormente referidos, devem ser lembrados, ainda que brevemente, os *lugares-comuns, clichês* e *chavões*, considerados, de modo geral, sinônimos entre si. O lugar-comum "habita e vem habitando as mais altas esferas do idioma. Passeia sem maior problema entre conversas que vão dos botequins às claques de intelectuais" (Tognoli, 2001: 19). Aceitando-se o comentário, entendemos que o lugar-comum ou clichê tem trânsito no popular, no culto (discurso jornalístico, por exemplo) e até no literário.

Evidentemente, não é o clichê literário que interessa ser enfocado aqui. Interessam-nos o lugar-comum e o clichê de nível popular, aquela fórmula estereotipada, banalizada pelo uso repetido à exaustão, que, embora de baixa informatividade, possui elevado rendimento para a fluência da conversação, sendo de fácil emprego e compreensão. Veicula ideias cristalizadas de crenças simplistas, como:

> *Homem é tudo igual: nenhum presta.*

principalmente nos lugares-comuns e/ou construções sintagmáticas singelas, também fixas, de sentido frequentemente denotativo, sem criatividade semântica e formal, como:

| | |
|---|---|
| *completo abandono* | *beco sem saída* |
| *acertar em cheio* | *do fundo do coração* |
| *alma caridosa* | *vil metal* |
| *amigo fiel* | *alhos e bugalhos* |
| *amigo fraterno* | *falar com seus botões* |
| *velha amizade* | *o sol é o astro-rei* |
| *o peso dos anos* | *o sol nasce para todos* |

## Características fonéticas

A fim de caracterizar alguns fatos de ordem fonética ou mesmo fonológica, procuramos utilizar, para ilustração e constatação, sem preocupação de maiores explicações, alguns segundos iniciais de diálogo informal mas não casual de um inquérito de pesquisa, extraído do arquivo do Projeto NURC/SP, dos quais reproduzimos uma transcrição **adaptada**. Na realidade, trata-se de um trecho de *narrativa autobiográfica* em forma de *monólogo*:

Doc. Dona I. e Dona H. gostaríamos que dessem as suas opiniões a respeito de televisão

Loc 1 Olha I.... eu (1,5) como você sabi (2) u::ma pessoa/ um diretor lá da Folha (1,5) certa feita mi chamô (1,5) e m'incumbiu d'iscrever sobre televisão (1,5) o qui mi pareci é qui na ocasião (1) quando ele m'incumbiu disso (1) ele pensõ/ (1) que ele ia:: (1,5) ficar em faci di uma recusa (2) i qu'eu ia... esnoBAR ((ri)) – agora vamos usar um termu (1) qu'eu usu bastanti i qui todo mundu usa muintu – eu iria ESnobar a televisão (1) como todo intelectuaw realment'isnoba (1) mas aconteci (1) qu'eu já tinha vistu duranti muintu tempu televisão (1,5) por::que:: houv'uma época na minha vida qui a literatura:: mi fazia prestar muit'atenção... i

> A gravação foi reouvida várias vezes e o trecho foi retranscrito dentro das convenções do Projeto, aqui implicados, a saber:
>
> a) Doc = documentador; Loc = locutor;
> b) pausas de duração menor do que meio segundo: ... ;
> c) alongamentos vocálicos: :: ;
> d) entonação enfática: maiúsculas: esnoBAR, voCÊ;
> e) comentários do transcritor: ((ri)).
>
> Para a presente obra, incluímos ainda:
>
> a) pausas com duração maior do que meio segundo: números indicando sua duração em segundos;
> b) o *continuum* sonoro, indicado pelas elisões (m'incumbiu) e pela transcrição fonética das vogais átonas iniciais e finais, quanto à realização dos timbres fechados (d'iscrever, sabi);
> c) *glotal stop* (interrupção do som na glote) por meio da barra: /.

eu queria era uma fuga... intão a minha fuga (1) era mi deitar na cama (1) ligar o:: o receptor e ficar vendu... ficar vendu (1,5) I:: aí comecei a prestar atenção naquela tela pequena... (1) vi (1) não só qui já si fazia muinta coisa boa i também muinta coisa rúim é claru (2) mas:: vi também todas as possibilidadis... qui aqueli veículu... ensejava i qu'istavam ali laTENtes pra serem aproveitadus (1,5) agora voCÊ (1) foi dos tempus heróicus... da mencionada luta

(Inquérito 333, Castilho e Preti, 1987: 234)

A observação atenta da **transcrição** leva-nos a perceber detalhadamente fenômenos mais ou menos sistemáticos:

> **Transcrição** é a atividade de reproduzir graficamente uma gravação sonora, segundo prévias convenções, para efeito de estudo e análise do material gravado.

(1) que a cadeia linear da fala é de maneira geral, quase contínua, embora, na transcrição, se tenha tentado respeitar as palavras como unidades discretas. As autointerrupções e suspensões da voz são imprevisíveis;

(2) que a cadência tem ritmo particular, vinculado ao caráter temporal da fala;

(3) que ocorrem articulações sonoras incompletas, indefiníveis ao nível puramente acústico, sendo, porém, com frequência, decodificáveis facilmente graças apenas ao contexto situacional e/ou cotexto;

(4) que há ocorrência de muitas operações fonológicas, variações morfofonêmicas, como: *todas as possibilidades*, onde o /s/ em situação intervocálica é pronunciado como /z/: *todaz as possibilidades*;

(5) que a entonação é bastante matizada. A entonação, como os demais traços suprassegmentais, representa um importante e, por vezes, decisivo papel na linguagem oral, não só no aspecto da expressividade, como também frequentemente no aspecto intelectivo;

(6) que há frequentes alongamentos vocálicos e excepcionalmente consonânticos, como em *ia::*, *por::que::*, *u::ma*.

À margem dessa transcrição, muitos outros fenômenos e propriedades fonéticas da língua falada, em particular nas conversações, são de percepção muito evidente por qualquer falante ativo. Nessa linha de constatações, apresentamos uma segunda série de fenômenos, a saber:

(a) a qualidade e dinâmica da voz (feminina, masculina; alta, baixa; rápida, lenta, pausada etc.);

(b) a redução de ditongo ou monotongação: *mantega* por *manteiga*, *primero* por *primeiro*, *baxo* por *baixo* etc.;

(c) a redução de hiato a ditongo ou a vogal simples: *compriender* ou *comprender* por *compreender*;

(d) as reduções aferéticas, sincopadas e apocopadas: *tá* por *está*, *tô* por *estou*, *tava* por *estava*, *pra* por *para*, *num* por *não*, *própio* por *próprio*, *Ó!* por *Olha!*, *cabô* por *acabou*, *seu* e *seo* por *senhor* etc.

Algumas dessas formas, como *pra*, *tô*, mas sobretudo o *pra* já estão sendo usadas com frequência na língua escrita, representando a vocalização própria da articulação falada. Por isso, julgamos difícil aceitar nos dicionários de frases feitas e expressões populares, que, em princípio, deveriam reproduzir, quanto possível, essa prosódia, a forma "para", como nos seguintes registros:

| | |
|---|---|
| *suar* **para** *burro*<br>*vá contar* **para** *outro* | *pegar alguém* **para** *Cristo* |

Nessa linha de observações, é interessante retomar aqui a gíria *taí*, lembrando sua evolução:

> aí está > está aí > tá aí > taí.

Assim, também nos parece falsa a transcrição ou registro *pega pra capar*, com manutenção do /r/ final em "capar", ao contrário do que se ouve sistematicamente, por exemplo, numa locução esportiva no rádio e tv.

(e) A redução de **nd** a **n**:

> *falano* por *falando*.

(f) A redução de **mb** a **m**:

> *tamém* por *também*.

Tal constatação, ainda que evidente, não nos pode levar, porém, a uma aceitação cega desse uso, mais imputável à displicência do que a uma pressão articulatória natural, tresandando vulgaridade.

(g) A inarticulação de certos sons ou articulação displicente, obscura, quase inaudível, como o apagamento do /r/ final em *falá* por *falar* ou troca de fonemas como em:

*probrema* por *problema*.

(h) A "desproparoxitonização" por síncope de vogais e sílabas postônicas:

| | |
|---|---|
| *chacra* por *chácara*<br>*abobra* por *abóbora* | *agromo* por *agrônomo* |

A desproparoxitonização por avanço do acento (diástole) é muito rara; o mais frequente é uma "proparoxitonização" indevida, isto é, o recuo (sístole) do acento nas paroxítonas incomuns. Assim:

| | |
|---|---|
| *ávaro* por *avaro*<br>*íbero* por *ibero*<br>*pégada* por *pegada* | *rúbrica* por *rubrica*<br>*púdico* por *pudico* |

São os fenômenos conhecidos como **silabadas**, como acontece ainda em *rúim* por *ruim*, em *fluído* por *fluido*, *boemia* por *boêmia*, *oméga* por *ômega*.

> **Silabada:** erro de pronúncia que consiste na deslocação indevida do acento tônico (Bechara, 1999: 90)

Em relação à tonicidade das palavras, muito frequentemente ocorre ainda a antecipação de acento por força do estado emotivo (*acento de insistência* e/ou *acento emocional*), como uma espécie de descompasso ou falta de sintonia entre emoção e expressão, como em:

> *FÓRmidavel!* por *Formidável!*
> *MÁravilha!* por *Maravilha!*

(i) As ditongações. Em escala menor do que as supressões e elisões, mas com muita frequência também, ocorrem ditongações, explicadas talvez por acomodação articulatória, ultracorreção, ênfase ou displicência:

| | |
|---|---|
| *mais* por *mas* | *igreija* por *igreja* |
| *voceis* por *vocês* | *teim* por *tem* |
| *trêis* por *três* | *tambeim* por *também* |

No caso do *mas/mais*, assim como em outras pronúncias instáveis (*este/esse*, por exemplo), a semelhança sonora do par, associada normalmente à impossibilidade de poder-se repetir as palavras, impede, com frequência, sua identificação clara. Já vimos que uma ditongação natural acontece na pronúncia do "mas", propiciando uma confusão prosódica entre o *mas* (vogal simples) conjunção e o *mais* (com ditongo) advérbio.

Quando a curva melódica frasal revela que o conjunto fonético, chamado *grupo de força*, está claramente subordinado ao acento tônico predominante do *mais*, como acontece no grupo abaixo, uma análise prosódica da curva melódica frasal talvez possa resolver:

> Fico espantado MAIS...

o MAIS funciona então como advérbio. Entretanto, sem intensidade tônica, o *mas* funciona como conjunção, equivalente a "porém", como em:

> Fico espantado **mas** é de ver tanta burrice.

Nossa insistência na análise desse fenômeno é para ressaltar a dificuldade que enfrentam frequentemente os falantes, quando pronunciam palavras foneticamente semelhantes a outras, que nem sempre o contexto esclarece de imediato, gerando muitas vezes mal-entendidos no dia a dia.

Quando escrita, uma frase como:

> *Ela sorriu, mas foi de incrédula.*

de Machado de Assis, evidentemente não deixa dúvidas, seja pela grafia, que não permite ambiguidade, seja pela pausa, sinalizada pela vírgula: o *mas* desempenha evidentemente função conjuncional.

(j) As palatizações naturais, não distinguidas pela convenção escrita:

> *familha* por *família.*

Ao lado dessas pronúncias regulares da expressão falada, registram-se outras, vulgares, que se pode atribuir à analogia com o radical da primeira conjugação:

> *vinhesse* (de *\*vinhar*)
> *ponhava* (de *\*ponhar*)

Fora das palatizações, há outros casos semelhantes, como:
- certas nasalizações em:

> *fedengoso* por *fedegoso*
> *inté* por *até*
> *ruindoso* por *ruidoso*, com contaminação de *ruim*
> *sancristão* por *sacristão*, talvez por influência de *santo*

- de feição vulgar e/ou regional, a iodização, ou seja, a perda das palatais em:

> *veio* por *velho*
> *muié* por *mulher*

(k) A instabilidade no contínuo sonoro, pois às vezes não ocorrem pausas entre palavras, às vezes ocorrem, e às vezes ocorrem pausas entre sílabas, gerando as chamadas *silabações* enfáticas ou palavras escandidas como:

> *for-mi-dá-vel*

(l) A ocorrência frequente de sobreposições, simultaneidade de voz nas conversações, que não se referem, entretanto, a questões fonéticas propriamente ditas. Têm a ver com o aspecto psicocultural e interacional.

O condicionamento psicológico no desempenho linguístico provoca outros desvios articulatórios esporádicos, como o que podemos chamar de *contaminação sonora*, de que serve como exemplo a ocorrência, extraída do *corpus* do Projeto NURC:

> mas ham a diferença que você **sentre entre** saí daqui pegá um jato e chega lá e...

Consideramos tratar-se de um caso extremo, parecendo decorrer agora de um condicionamento de sensação térmica antecipada, o que ouvimos certa ocasião de uma moça que tremia de frio dentro de uma loja:

> *Não vou lá frio que faz fora.*

sinalizando uma antecipação e prevalência da sensação térmica com a formalização verbal. E isso acontece com pessoas mentalmente normais; não se tratando, pois, de um caso de **afasia**.

Tais articulações, irregularidades ou saliências articulatórias, somente perceptíveis em nível da fala, caracterizariam o estado emocional ou a intenção do falante e tem merecido atenção até em estudos estilísticos. Na exclamação "Ora bolas!", por exemplo, pode-se analisar a pressão bilabial na articulação da consoante /b/, plosiva labial, depois da vogal aberta /a/ da primeira palavra, que acarreta até um leve sopro ou aspiração, como uma espécie de plosiva enfática.

> **Afasia** é um déficit geral da linguagem decorrente de uma lesão cerebral no hemisfério esquerdo do cérebro. As causas mais comuns são: AVC – acidentes vasculares cerebrais (derrames, isquemias), traumatismos (causados por acidentes automobilísticos, armas de fogo, quedas graves etc.) e tumores cerebrais. A afasia pode ser caracterizada por distúrbios na capacidade de compreender, expressar linguagem ou ambas as capacidades. Pode existir um distúrbio de comunicação leve, moderado ou severo, dependendo da extensão e do local da lesão cerebral. São apontados, entre outros, os seguintes distúrbios de linguagem: não lembrar das palavras, embora saiba o que dizer; trocar palavras que têm prosódia parecida, como *escada* por *espada*; trocar palavras com significado parecido ou associado, como *colher* por *garfo*; não conseguir formar frases corretamente, como "eu café" por "eu bebi café". Entre as sugestões de auxílio, listamos, entre outras: use frases curtas e simples; use palavras conhecidas; estimule o uso de saudações, como *Bom dia!*; não interrompa quando a pessoa tenta se comunicar.

Antes de terminar as reflexões sobre esse levantamento no campo da fonética, repisamos algumas observações:

- Muitos desses fenômenos são propriedades inerentes ao próprio material do canal sonoro da língua falada e não têm nela alguma função discursiva especial, nem implicação de qualquer taxação normativa de incorreção. É o caso, por exemplo, das operações fonológicas decorrentes da cadeia linear da fala.
- Alguns fenômenos, consciente ou inconscientemente, informam funções pragmático-discursivas. É o caso de

certas pausas mais longas (indicadas na nossa transcrição por números representando sua duração em segundos) ou alongamento, que refletem hesitações e momentos de planejamento ou replanejamento textual local; é o caso também de certas articulações "descuidadas", que algumas pessoas cultas às vezes procuram evitar. No diálogo transcrito, a locutora, jornalista e escritora, procura "caprichar" nas suas articulações, sobretudo na pronúncia dos erres finais dos infinitivos dos verbos, evitando os apagamentos comuns na fala.

No entanto, temos que reconhecer que um ou outro fenômeno, pelo seu nível de gravidade, tem sido taxado como usos incorretos, desleixos ou vulgaridade, podendo se explicar, às vezes, em função das próprias restrições do material. Dificilmente poderá, por exemplo, um comentarista esportivo manter uma articulação cuidada, ao descrever e comentar uma partida de futebol ao vivo.

Muitos desses fenômenos relacionados, praticamente congênitos à própria realização da fala espontânea, às vezes se prestam como recursos de intensificação de ideias, como no caso de certos alongamentos, silabações, saliências silábicas etc.:

*Ela é bonita... mas MUI::::to bonita!*
*Ele se defendeu logo com um estrondoso: menTI::::ra!!!*
*As coisas estão tão laTENtes...*
*For-mi-dá-vel!*

Mais especificamente, em termos de fonética expressiva, podemos lembrar a *aliteração*, presente nas manifestações espontâneas da expressividade popular, como se veem nos provérbios, nas frases-feitas, nos modos de dizer populares:

| | |
|---|---|
| *alhos e bugalhos* | *cara ou coroa* |
| *bater as botas* | *de cabo a rabo* |
| *cão e gato* | *gato e sapato* |

Entretanto, neste passo, cabe menção o fenômeno denominado *cacofonia*, isto é, o encontro de sílabas de duas ou mais palavras que forma uma nova palavra de sentido inconveniente ou ridículo:

> *Olha* **como ela** *é linda, A* **boca dela** *está toda pintada, Nenhum jogador* **marca gol** *como Pelé;* **Lá tinha** *muito divertimento.*

## Características morfossintáticas

Como no geral, também no campo morfossintático, a língua oral é simplificada, porém mais analítica. Além do mais, possui usos próprios em relação à língua escrita padrão. É, em consequência, compensatoriamente repetitiva no aproveitamento das formas dentro do mesmo texto. Além disso, faz uso permanente de implícitos e dos recursos suprassegmentais e situacionais para complementação.

Os fenômenos de natureza morfossintática, entre outros, parecem explicar-se, de modo geral, pela fuga aos obstáculos de toda ordem, experimentados quando se fala espontaneamente. Estamos pensando nas dificuldades prosódicas (recorde-se o fenômeno da desproparoxitonização e o caso da fuga das proparoxítonas); nas dificuldades de elaboração, passando por percalços decorrentes de pressões interacionais, até confusões de ordem fonética com reflexos no uso das formas linguísticas. Isso ilustra o que alguns chamam de "lei do mínimo esforço". Também podem ser justificados pela busca constante da expressividade, do envolvimento com o interlocutor e da expressão mais concreta; pela economia de formas etc. A busca da expressividade e o envolvimento com o interlocutor justificam o emprego constante de palavras e partículas sem, ou pouco, conteúdo significativo, como *que, é que,* "bordões" fáticos e marcadores conversacionais, como *olha!, viu?, né?* de um lado, assim como formas analíticas e mais concretas, do tipo *vou estudar* por *estudarei*, como já vimos atrás.

Sem preocupação de nos espelhar na língua escrita normatizada, vamos procurar registrar a aversão (ou até galhofa) popular a certas formas e a utilização compensatória de formas substitutivas pela língua falada, inclusive empregando estratégias intensificadoras, características nessa modalidade. Detenhamo-nos de início, rapidamente, em algumas **formações populares sufixais** de palavras, ainda que inspiradas em sufixos cultos, eruditos ou técnicos, normalmente com sentido depreciativo ou pejorativo, como:

| | |
|---|---|
| *papudo*<br>*gozação*<br>*fedengoso* | *debiloide*<br>*maciota* (na expressão<br>"na maciota")<br>*paixonite* |

Ferreira, no verbete *-ite*, explica que se trata de sufixo "designativo de doença inflamatória" e comenta: "Note-se a ocorrência informal desse sufixo, com valor irônico e/ou pejorativo, no português do Brasil, indicando caráter transitório, ou pouco importante: paixonite"; e exemplifica: "O rapaz estava sofrendo de paixonite aguda."

Ainda em relação à formação sufixal, lembramos o uso de cognatos, como *sonho sonhado*, além de inúmeras formações gírias.

Quanto às **categorias** ou **classes de palavras**, nossas observações repassam aspectos de várias delas. Começamos com os **pronomes**.

- Para substituição do "cujo" e de suas variantes preposicionadas, cujo uso e significação são de *per si* complexos, a língua falada popular emprega a combinação "que... de":

> *A criança que a mãe **dela** morreu foi adotada pela tia.*

por "A criança cuja mãe morreu...".

Mas não escapa à ironia popular o uso do "dito-cujo", documentado por dicionários específicos, inclusive lusitanos:

> – *Está falando da tia da Sueli?* ***A dita-cuja*** *não casou?*
> – *Juntou os trapos com* ***o dito-cujo*** *e foi embora.*
>
> *Marquei com o advogado na porta do fórum,* ***mas o dito-cujo*** *não apareceu.*

Atente-se ainda para o seguinte par conversacional:

> Loc 1 – *Onde está a Julinha?*
> Loc 2 – *Ó,* ***a dita-cuja*** *está chegando.*

O Ó do Loc 2 é a forma apocopada do imperativo do verbo "olha".

- Os desusados pronomes oblíquos "o" e "a" têm recebido como substitutos as formas do pronome reto, quando em função objetiva direta, condenadas pela gramática normativa:

> *Você encontrou* ***ele*** *ontem? É difícil mandar* ***ele*** *pra escola.*

No caso de o objeto direto ser constituído pela combinação pronominal *todos eles*, é frequente esse uso agramatical com "eles", soando até com certa naturalidade:

> *Você encontrou* ***todos eles*** *ontem?*

Com função de objeto direto, proscrito pela gramática, aparece com certa frequência o pronome "lhe":

> *Existe algo que* ***lhe*** *incomode?* (em texto volante de cartomante)
> *Eu não* ***lhe*** *vi nem* ***lhe*** *conheço.*

Este uso pode ser interpretado como ultracorreção.

- Corrente é também, na língua oral popular, o emprego do pronome oblíquo tônico como sujeito de verbo no infinitivo:

> *Aquela não era tarefa **pra mim** fazer.*
> *Com um prato cheio a**SSIM**, oh, isso aí é pra mim engordar mesmo...*

Nessa linha de considerações, ocorre também o uso popular do "eu" preposicionado:

> *Entre José e **eu** tudo ficou esclarecido.*
> *Entre **eu** e ela não existe mais nada.*

Esse uso na linguagem coloquial tem sido igualmente constatado por gramáticos que, ademais, comprovam alguns exemplos também entre escritores, explicados às vezes pela acentuação enfática.

- Ainda na área dos pronomes, podemos lembrar a instabilidade no emprego dos pares *este/esse* e *onde/aonde*, usados, na língua oral, ao arrepio do critério previsto pela gramática normativa. A oposição prescrita na gramática está praticamente neutralizada na língua oral. Na seguinte frase, o falante emprega "esse" por "este", como se deduz, com facilidade, pelo dêitico "aqui" que é suficiente para comprovar um referente, isto é, um objeto próximo do falante:

> ***Esse** cestinho **aqui**, onde é que tem plástico pra ele?*

Em relação aos **graus do adjetivo**, a língua popular utiliza normalmente o superlativo analítico com *muito*. Quanto ao sintético, usa raramente o sufixo *-íssimo* e nunca os chamados, com razão, sufixos eruditos -*limo*, -*rimo* etc. Eventualmente, aproveita a expressividade prosódica do -*rimo*, a exemplo de:

> *bonitérrimo*

Quanto aos **substantivos**, é sobejamente conhecido o uso de formas aumentativas e diminutivas com função afetiva (pejorativa, de carinho etc.):

> *livreco, paizinho, coisinha, Meu Jesus Cristinho!*

Destacamos também o emprego dessas formas em outras categorias gramaticais, com efeitos e valores diversos, como em:

> *queridinha* (adj.), *issozinho* (pron.), *unzinho* (numeral), *longinho* (adv.) etc.

Lembra-se aqui a preferência da linguagem popular, simplificadora por excelência, pelo sufixo -*inho* em lugar de -*zinho*, mais culto.

Entre os numerais, os multiplicativos, principalmente os proparoxítonos, e os ordinais acima de dez são praticamente desconhecidos da língua oral.

No que diz respeito à morfossintaxe verbal oral, o coloquial normalmente utiliza apenas uma forma (a da terceira pessoa gramatical) para a segunda pessoa do discurso, seja na função de sujeito ou não:

> **Você** *foi ao cinema ontem?*
> *Comprei o livro que* **você** *pediu.*

Normalmente, ao desconhecer ou restringir o emprego de certas formas, a língua oral popular necessita ampliar o emprego das outras. Essa atitude é sentida, sobretudo, no **sistema verbal**, cuja riqueza de formas, sobretudo nas 2ª, 3ª e 4ª conjugações, esbarra na complexidade de uso. É possível que, por isso, a primeira conjugação (-ar) seja a mais produtiva na criação de verbos em geral e na língua falada em particular.

- A forma do presente do indicativo é das mais usadas fora do valor preciso do tempo presente, seja para o futuro próximo ou o futuro incerto; seja nas orações de valor não concessivo introduzidas por conjunções:

| | |
|---|---|
| *Não vou lá fora porque está frio. Daqui a janeiro tem mais cinco meses. Amanhã eu apareço por lá.* | *Por onde anda o cantor X? Qualquer coisa que sair, serve. Se bem que hoje em dia existem cursos que você faz em seis meses.* |

- O pretérito perfeito é também empregado com valor de futuro "realizado" na intenção do falante:

*Se você dedá, já **morreu**.*

- A forma simples do pretérito mais-que-perfeito é pouquíssimo frequente na língua oral. Normalmente é substituída pela forma composta:

*Parecia que nada **tinha acontecido**.*

- Para suprir o futuro do pretérito ocorrem, com frequência:
  - o pretérito imperfeito:

*Se encontrasse ela agora, contava tudo.*
*Nem com todo fôlego do mundo, eu te alcançava.*

  - a forma perifrástica, composta do pretérito imperfeito do verbo ir, mais o infinitivo do verbo principal:

*Ele pensou que eu **ia esnobar**.*

Quanto ao **sistema adverbial**, lembramos a possibilidade de os advérbios reforçarem o sistema demonstrativo, cumprindo, sem dúvida, uma função coloquial predominante:

| *até mesmo* *aqui perto* | *este adiante* *aquele lá* |
| --- | --- |

O emprego reforçativo no sistema pronominal encontra paralelo no uso dos dêiticos adverbiais. Ilari et al. (1990: 70-1) chamam de *flag*, isto é, "uma expressão genérica que antecipa o tipo de função sintática e semântica que se vai realizar na expressão que segue":

> **Lá em casa** *tudo vai bem.*
> **Cá entre nós** *também.*

*Em casa* e *entre nós* repetem, reforçando, semântica e sintaticamente, seus antecedentes. Podemos acrescentar:

> *Não vou* **lá fora** *porque está frio.*
> *Me dá um* **dinheiro aí?**

Parece-nos um verdadeiro caso de pleonasmo semântico-sintático.

Insistimos na frequência de uso dos processos intensificadores e enfáticos na língua oral. Reunimos – além de algumas ocorrências já mencionadas – outras em que aparece o **uso ampliado** de algumas classes de palavras ou formas, com valor intensivo, enfático ou afetivo.

Por ora, trazemos apenas ocorrências com **pronomes demonstrativos, artigos, adjetivos, expletivos** e **algumas expressões**.

Naturalmente, nesses casos – e em qualquer outro de valor intensivo e enfático – a entonação representa papel decisivo na produção dos efeitos.

- Os **pronomes demonstrativos** são por vezes utilizados como elementos intensificadores ou afetivos:

> *Nunca pensei que houvesse homem com **aquela** coragem.*
> ***Aquilo** tem o diabo no corpo.*

- Com valor enfático utiliza-se também o **pronome possessivo feminino plural** nas perífrases elípticas com o verbo "fazer", segundo as fórmulas:

| Fiz uma das **minhas** | Fez das **suas** |
|---|---|

- O **artigo**, partícula aparentemente sem grandes possibilidades estilísticas, encontra largo uso na linguagem falada:

> *Ele é **O** fim!*
> *Você tem **Umas** ideias.*
> ***O** Geraldo é o meu irmão do peito.*
> *Ela não é somente uma boa diretora, ela é **A** diretora.*

Observe-se que no último exemplo há um verdadeiro valor superlativo:

> *Ela é **a melhor** diretora.*

- Das mais populares e curiosas é a intensificação por meio do **adjetivo** *podre* mais a preposição "de", valendo como verdadeiro superlativo:

| podre de rico<br>podre de chique | podre de cansado |
|---|---|

- Muitos outros **tipos de palavras** ou **expressões**, de pouco conteúdo significativo, são empregadas pela língua oral como intensificadores ou enfáticos:

> *Martinha **já** era.*
>
> ***Mas** você fez isto?*
>
> *Você **bem** que podia me ajudar!*
>
> *Aquilo, sim, **é que** era mulher!*
>
> *Neste mesmo instante passou uma garota daquelas apressadi-nhas, correndo para não perder o ônibus e deu **aquela maior** trombada em mim.*
>
> *A casa parecia **pertinho**.*
>
> *Ô menino, diga **aí** da tua paixão pelo futebol.*
>
> ***Aí é que** a porca torce o rabo.*

E ainda até em texto escrito, como no título do dicionário de Nélson Cunha Mello:

> *Conversando é que a gente se entende:* dicionário de expressões coloquiais brasileiras

ou na capa da revista *Vida Simples*, de maio de 2010, fazendo chamada para a reportagem "Fim de papo":

> ***É** falando **que** a gente se entende*

Ao finalizar as "características morfossintáticas", que repassaram, em tese, as classes gramaticais, deveríamos enfocar a interjeição. Todavia, por considerá-la verdadeira palavra-frase, ela será abordada nas "características sintáticas", a seguir, onde também podem ser retomados, sob a preocupação do aspecto da "construção" frasal, alguns fenômenos aqui abordados.

# Características sintáticas

Em princípio, essas características serão consideradas em relação aos processos ou procedimentos sintáticos da **ordem**, **regência** e **concordância**. A estruturação frásica será objeto de atenção especial posteriormente.

A linguagem falada tem realizações sintáticas próprias, diferentes das da sintaxe da língua escrita, mas não há um abismo intransponível entre a sintaxe de ambas. Na verdade, enquanto a escrita se explica por processos lógicos, a sintaxe da língua oral deve ser estudada à luz dos fatores psicológicos (subjetividade, afetividade, emotividade) e pragmáticos, que decorrem particularmente da copresença dos interlocutores numa situação concreta de comunicação; há, portanto, fatores de ordem interacional.

Há de se levar em conta, e particularmente, os aspectos factuais da espontaneidade, a imprevisibilidade e a busca constante da expressividade. Esses fatores – e outros – é que explicam que na fala haja mais tipos de construções frasais do que na escrita.

Como é a interação o que importa, ocorrem, sobretudo, pressões de ordem pragmática, que se contrapõem, muitas vezes, às exigências da sintaxe. Elas obrigam o falante a ignorar a sintaxe em prol das necessidades da interação. Isso provoca, no texto falado, não só falsos começos, truncamentos, fragmentações, correções, hesitações, mas também inserções, digressões, repetições e paráfrases, com função cognitivo-interacional de grande efeito.

- Comecemos pela **ordem**. Conquanto não se possa desconhecer que a **ordem direta** seja a usual na língua portuguesa do Brasil desde o modernismo, cremos que ela se destaca na língua falada e popular, em que se conforma melhor com a espontaneidade e simplicidade dessa modalidade e nível.

Evidentemente, quando se trata de frases ou expressões feitas em que a repetição das formas cristalizadas (não criadas no momento, portanto) por si só atende ao princípio da espontaneidade, a **ordem indireta** se explica, como em:

> *Fazer das tripas coração.*

- Mas há outras particularidades na sintaxe da língua oral de modo geral. É o caso, por exemplo, da **deslocação dos membros da frase**, demonstrando o efeito de uma colocação considerada indireta e ilógica sob o ponto de vista intelectual, mas correta para expressar os movimentos da sensibilidade e da vontade, com destaque da noção de rapidez. Confira-se a colocação lógica do advérbio em:

> *Vem depressa!*

Em comparação a:

> *Depressa! Vem!*

onde a deslocação realça a ideia de rapidez.

É claro que a inversão da ordem lógica é reforçada pela entonação exclamativa individualizada nas palavras, isto é, no advérbio e verbo. Vale aqui voltar ao caso extremo da violenta inversão de vocábulos e consequente ilogicidade, justificado pela sensação (térmica), sentida pela falante, ao atropelar a emoção e a expressão:

> *Não vou lá frio que faz fora.*

explicável também pela aliteração e estilística da fala (**f**rio, **f**az, **f**ora), como vimos na função poética, comentada no início.

A brusca deslocação aqui parece justificar a impressão dos retóricos, segundo os quais, na informação, o **hipérbato** era a forma de expressão da paixão.

> **Hipérbato**: colocação que chega a prejudicar a clareza da mensagem, pela disposição violenta dos seus termos.

- Na mesma linha de raciocínio, explicam-se o emprego e os efeitos:
  - da **anáfora**, considerada uma retomada:

> Mais adiante voltaremos ao assunto (ver "Anacoluto").

> *Vem, eu te peço isto.*

- da *antecipação pronominal*:

> *Eu te peço isto:vem.*

justificável pela superafetação do falante.

- Em termos de **colocação pronominal** na frase, podemos consignar também, no português falado do Brasil, a ausência praticamente total da mesóclise (intercalação do pronome átono em um verbo: *dir-te-ei*), fato que vai atingindo mesmo a língua culta formal e que, até nela, é sentida por alguns como ostentação antipática.

A norma dessa colocação, na língua falada, principalmente quanto à primeira pessoa e em início de frase, é a próclise (anteposição do pronome):

> *Me dá um copo d'água?*
> *Me dá um dinheiro aí?*

As normas gramaticais de **regência verbal** são as que mais têm apresentado desvio de uso no discurso não planejado.

O mais comum é a intransitivação em verbos como *ler, esquecer, beber* e o emprego de regências em verbos como *assistir, visar, obedecer, pagar, perdoar,* tudo em desacordo com a gramática tradicional:

> Ler ajuda muito para as conferências.

> Ele não assistiu filme algum.

- No caso de alguns verbos, a intransitivação "especifica" o sentido. Assim, "beber", como intransitivo, passa a significar *beber bebida alcoólica*, como no caso de uma pergunta numa entrevista médica, ou numa advertência, ou, ainda, num sentido figurado:

> *O senhor fuma, bebe? Se beber, não dirija.*

> *O seu carro bebe muito.*

- Por outro lado, numa possível postura de ultracorreção, complicam-se construções com elementos supérfluos, como em *espero de que...*, onde aparece um "de" excessivo, sem qualquer função.
- Os verbos *esquecer* e *lembrar*, com regências iguais na gramática normativa, na linguagem conversacional parecem vir atendendo à mesma tendência de simplificação, reduzindo-se à regência apenas direta, sendo comuns construções como:

> *Isso eu me lembro muito bem.*

No entanto, também, do cruzamento sintático das duas construções cultas (*esquecer algo, esquecer-se de algo*) resultou uma terceira, sem pronome reflexivo, mas com o objeto direto introduzido por *de*:

> *Eu nunca esqueço disso.*

- Construções transitivas diretas (ou com relativo ou objeto sem preposição) ocorrem na conversa diária com o verbo *gostar* nas chamadas orações adjetiva ou substantiva completiva:

> *Bia usava o vestido que o namorado gostava.*
> *O carro que você gostava já foi vendido.*
>
> *Ele gosta que batam palmas.*
> *Ela gosta que todos gostem dela.*

Em alguns casos, ocorre o que podemos chamar de **relativo passe-partout** ou *"pau-pra-toda-obra"*, muito prático e frequente na linguagem coloquial e popular. A frase fonte seria:

> *Maria estava com o vestido **que** o namorado gostava dele.*

podendo-se omitir, porém, o "dele".

A oração subordinada adjetiva representa um tipo de encaixamento sintático não privativo da língua falada, mas nela prevalece largamente o uso do pronome *que* sem preposição sobre o *que* preposicionado. É semelhante o caso das orações objetivas indiretas e completivo-nominais. Nestas, tanto quanto nas adjetivas encaixadas, a omissão da preposição prevalece na linguagem do povo:

> *Meu primo acabou de ter notícia que o filho morreu no acidente de moto.*

É interessante constatar que com o relativo "quem", entretanto, a preposição normalmente se mantém:

> *Maria perdeu a avó, **de quem** gostava muito.*
> *Ela gosta **de quem** gosta dela.*

- O emprego da preposição *em* para indicar lugar *aonde* está muito ampliado na língua popular. Com *chegar, ir*, por exemplo, tornou-se sintaxe usual:

| Fui na feira. | Cheguei na estação atrasado. |
| --- | --- |

Ainda no campo da sintaxe das preposições, lembramos o seguinte diálogo do coloquial paulista de jovens, em que se destaca o uso da locução prepositiva *a fim de* com a omissão do seu complemento:

> – *Você não vai na escola?*
> – *Não.*
> – *Por quê?*
> – *Não tô **a fim**.*

Ao observar as características morfossintáticas, já havíamos mencionado outras ocorrências implicando regência, como:

> *Aquela não era tarefa **pra mim** fazer.*
> *Existe alguma coisa que lhe incomode?*

além de outras, que dispensam ser reconsideradas agora.

Quanto à **concordância**, é fato notório que a fala diária distensa se produz à margem das normas gramaticais vigentes. Nos textos do Projeto NURC, apesar de representarem amostras da língua falada de pessoas de nível superior, sobejam exemplos dessa realidade.

- A língua falada, econômica e prática por excelência, não se preocupa com as marcas formais redundantes, principalmente de número. Tanto os nomes quanto os verbos permanecem normalmente no singular, quando seus determinantes ou sujeitos já carregam uma evidente marca de pluralidade.

O fato é mais frequente quando o plural dos nomes é marcado apenas com /s/:

*filho/filhos* (e não com /es/, como ocorre em *mês/meses*)

bem como quando a oposição singular/plural dos verbos é foneticamente pouco contrastante:

canta/cantam; cante/cantem

Com efeito, a ausência dessa marca de número nos verbos não parece ser totalmente aleatória; assim, se é comum a neutralização "canta/cantam", o mesmo não acontece com *é/são*, cujas formas dos significantes são muito contrastantes. Seguem-se algumas amostras, extraídas quase todas de um único texto das gravações do Projeto NURC-SP:

*Aqu**eles** mon**te** de pedra*; ... *na hora da chuva pegaram arrumaram **as** coi**sa**; precisamos pará e já **era** quase **seis** horas e meia da tarde*; ... *e aquelas **brasas estava** no jeito fomos pegar as**pombas** que**estava** na casa do vizinho ... as**pombas** realmente não **era** dele*. (Inquérito 167)

De qualquer forma, ressalte-se que a ausência das concordâncias não soa vulgaridade e não se trata de ignorância das normas, mas pressões do material sonoro ou das circunstâncias, ou descuidos momentâneos.

Situação diferente, até estigmatizada, acontece, porém, em exemplos como:

Lá **nós comparecia** todo dia em lugar de *nós comparecíamos*...

Parece que a aversão às proparoxítonas inibe o uso da construção correta. Por isso também, frequentemente, somos levados, em casos como esse ou semelhantes, a "sair pela tangente", ao empregar a expressão "a gente", que favorece a fuga à proparoxítona: *nós nos comunicávamos*.

> *Lá **a gente se comunicava todo dia**.*

Num nível, que já consideramos vulgar, porém, apesar de ouvido repetidamente de um chefe de oficina de uma concessionária de carros, anotamos:

> **A gente falamos** *para os clientes toda hora isso, mas eles não entendem.*

A correlação entre tempos e modos verbais na língua oral também diverge da prescrita na gramática. Parece que é decorrência natural da simplificação do complexo sistema verbal da língua culta e do estado emocional do falante no momento em que fala:

| | |
|---|---|
| *Se eu pudesse eu também era empresário.* | *Alguém me ajuda senão eu caio.* |

- Podemos ainda nos referir ao caso muito frequente da generalização do reflexivo "se" por "nos" ou mesmo por "me", desrespeitando a concordância verbo-pronominal:

> **Temos** *que* **se** *unir.*

Ou, ainda, as frases, que já ouvimos e julgamos mais reprováveis, possivelmente mais vulgares:

| | |
|---|---|
| *Nós se fala depois.* *Nós não se falamos mais depois daquele dia.* | *Eu se esqueci de dizer.* *Eu se me esqueci de dizer.* |

Os fatos mais característicos da sintaxe da linguagem falada, porém, relacionam-se principalmente com a estrutura da frase (que veremos adiante), pressuposta pela gramática como produto de uma organização lógica, ainda que – como se sabe – muitas vezes o pensamento seja alógico ou ilógico e muito contaminado emocionalmente. Muitos outros fenômenos podem, na espécie, ser lembrados. Dentro do nosso propósito, relacionamos apenas:

**(1) Anacoluto.**

*Essas crianças de hoje ninguém pode com elas.*

No anacoluto há um corte sintático e a estrutura, começada numa direção, não é levada adiante. Normalmente, subsiste um resíduo semântico explícito, como no exemplo em questão: *elas*, equivalendo a um pleonasmo de caráter semântico.

No anacoluto, como em outros casos que virão relacionados, há estreita relação com o fenômeno conhecido como topicalização sentencial (diferente de *tópico discursivo* tratado atrás), ou *deslocação à esquerda* ou, ainda, fenômenos semelhantes, razão por que, antes de prosseguir, abrimos um parêntese sobre o assunto.

A questão tem a ver com a chamada *articulação tema rema* (ATR). A frase enquanto unidade comunicativa, focalizada, portanto, sob seu aspecto informacional, bifurca-se em *tema* e *rema* ou num segmento comunicativo estático, oposto a um segmento comunicativo dinâmico. Também se faz a equivalência do tema e rema a *tópico* e *comentário* ou, na perspectiva entonacional, *foco*, ou ainda, mais ou menos, a *sujeito* e *predicado*, quando considerada a estrutura oracional.

Na língua falada, sobretudo conversacional, é comum, no calor da conversação, a deslocação de parte do rema para a cabeça da frase:

*A Maria, essa não quer nada com o serviço.*

Ou mais informalmente ainda:

> **Pra ela** *agora, cabô essa desculpa de não tem grana, né?*

Em:

> *A Maria, essa não quer nada com o serviço.*

observa-se o resíduo semântico "essa", que acontece também nos chamados "pronome cópia", "pronome sombra" ou "pronome lembrete", como veremos mais adiante.

Por causa de fatores muito diversos durante uma conversação, às vezes, uma frase é interrompida por suspensão consciente ou não, de forma brusca ou não. É o caso da chamada *reticência* ou o fenômeno que os teóricos denominam **aposiopese**, ou ainda de outras estruturas truncadas sintaticamente, ilógicas ou incoerentes, mas sempre expressivas e pragmaticamente significativas.

> **Aposiopese** ou reticência: interrupção da frase por um silêncio normalmente brusco do falante, para traduzir uma inesperada hesitação, emoção ou intenção especial: *Ficou numa boa e...; O nome dele era GuiLHER::me de:: Não me lembro... filho do Senhor Francisco, sabe?*

**(2) Rupturas** ou abandono do esquema sintático.

Trata-se de rupturas mais características, como tais, do que o anacoluto. Pode ser intencional, com interrupções ou cortes bruscos da frase. Omitem-se partes essenciais dela, na expectativa de que o ouvinte, por um conhecimento prévio ou *ad hoc* compartilhado, as preencha:

> *Bom, primeiramente a partir de... localização da casa.* (Projeto NURC/SP, Inq. 37)
> *Eu estive na ..., através de... em cumaná é uma praia é um lugar, um litoral muito bonito...* (Projeto NURC/SP, Inq. 167)
> *Eu lembro que... vocês não se esqueçam de cumprir as ordens.*

Vale a pena insistir nos casos da anáfora, como tratamos atrás, nos de anacoluto e rupturas e alguns outros como responsáveis por descontinuidades de vários tipos (fonéticas, sintáticas, semânticas), que são típicas da produção de um texto "em se fazendo", como é o caso do texto falado, particularmente o conversacional, em que as descontinuidades não caracterizam propriamente, contudo, disfunções. Essa atividade descontínua num tempo contínuo determina frequentemente a configuração dos enunciados orais.

**(3) Elipses.**
Já referidas em várias passagens, são consideradas, em princípio, como a eliminação do supérfluo, referencial e contextualmente falando. Nelas ocorre a omissão não só de elementos básicos e termos oracionais, mas também de elementos gramaticais, relacionais:

> *Acho que pelo litoral só dá até a Bahia, não?*

No caso, teria sido omitido *para ir* antes de *até a Bahia*.
Insistimos na determinante função do contexto ou cotexto, para a cabal decodificação desse tipo de frase. Com efeito, a *elipse* consiste na omissão de um ou vários membros da oração que se podem completar ou recuperar a base do contexto ou cotexto, e inclusive com circunstâncias extratextuais.

Ainda nesse enfoque da elipse, convém registrar os frequentes cortes das frases, deixando de propósito suspensas ou implícitas as ideias, principalmente no caso de comentários por meio das *frases feitas* populares consagradas ou de chavões de conhecimento partilhado entre amigos:

| | |
|---|---|
| *Quem com ferro FEre...* <br> *Um dia da caça, OUtro...* | *Cada caso é UM....* |

**(4) Pronome-sujeito "eu".**

A língua falada, particularmente a conversação e a narrativa de experiência e expressão pessoais, caracterizam-se pelo que denominamos *egocentrismo*. Trata-se da postura de enunciar mensagens referenciadas sobre a primeira pessoa, sobretudo com o pronome "eu" explícito:

> *Eu falei para você não trazer o livro, porque eu já fui lá e comprei outro.*

Na realidade, o egocentrismo representa um fenômeno comum e típico na língua falada, que se traduz não só na expressão formal do "eu" e desinência verbal respectiva, mas também na de outros pronomes (possessivos, demonstrativos), do plural pelo singular, da locução "a gente", dos advérbios "aqui", "agora" etc.; enfim, na perspectiva do "eu" como centro de referência, ainda que sem uma expressão formal específica:

> *Eu falei pra você não me procurar mais aqui neste meu trabalho: eu ontem pedi demissão e vou sair deste emprego.*

**(5) Acréscimo.**

Já referido na morfossintaxe, de *expletivos enfáticos* ou de realce, que não concorrem para a compreensão, mas para a expressividade. O uso desses fenômenos pode representar a intenção de *realce* que pode ser fonético ou sintático, como os advérbios *lá, bem, assim*; a conjunção *mas*; as expressões *é que, foi que, era que*. A expressão *é que* parece-nos das mais frequentes:

| | |
|---|---|
| *Aí é que a porca torce o rabo.* | *Agora é que quero ver.* |

Tal expressão já foi referida no final do subtópico anterior, dentro das observações sobre estratégias ou jeito de falar intensificado, ao lado de outros recursos. Os casos seguintes representam outros usos expletivos, mas enfáticos, do "que":

| | |
|---|---|
| *enquanto* **que**<br>*apenas* **que**<br>*Desde aquele dia* **que** *eu procuro.* | *Ainda não marcamos*<br>*quando* **que** *iremos casar.*<br><br>*Quero saber como*<br>**que** *você fez isso?* |

Podemos nos referir ainda a *variantes construcionais*, seja em interrogativas como:

| | |
|---|---|
| *Que é que foi que eles fizeram?* | *Que que foi que eles fizeram?* |

seja em outros tipos de ocorrências, como:

*Quase* **que** *fui atropelado...*
*Desejo um Natal alegre junto à sua família e um ano que vai nascer,* **muito***, mas* **muito***, auspicioso!!*

Referimo-nos ainda, particularmente, a um tipo de acréscimo mencionado por Ward (1984: 42). Trata-se do "acréscimo de uma forma do verbo *ser* (*cleft sentence*), subtendendo o deslocamento de componentes da frase", que "reflete o que na amostra do discurso oral constitui uma das construções preferidas para enfatizar o sintagma que segue o verbo 'ser' expletivo; não restrito à língua oral, tais acréscimos causam sempre um efeito coloquial":

*ele pitava era charutos.*

Esse emprego com o verbo "ser" pode contribuir para diversas variantes enfáticas de frases, ganhando ou acrescentando mais um perfil oral. Assim, comparem-se os seguintes pares:

> *Maurício não vai ficar bom nunca. / Maurício não vai ficar bom é nunca.*
> *Vai contar essa pra outro. / Vai contar essa é pra outro.*
> *Não seja infantil. / Não seja é infantil.*
> *Ele contou a história toda. / Ele contou foi a história toda.*

Colhemos ainda uma variante de outra frase do ex-jogador Raí, em que aparece, além do *é*, o curioso emprego do *do*, desnecessário, mas altamente expressivo:

> *Eu era muito é do medroso.*

O uso do "de" supérfluo aparece ainda em frases, vulgares ou não, como:

| | |
|---|---|
| *Ele é de menor.* | *Eu tinha três irmãos e só eu de mulher.* |

**(6) Pleonasmos e repetições.**

Excluindo os chamados pleonasmos viciosos ou expressões tautológicas (*subir pra cima, descer pra baixo, preferir mais...*), quando frutos de total displicência, descuido ou até vulgaridade expressional, o pleonasmo, embora apenas repita a ideia, intensifica e atende à natural expressividade da língua oral, principalmente como reforço da função emotiva ou energia especial à expressão.

As repetições não são exclusivas da linguagem oral nem do nível sintático. Os seguintes tipos de pleonasmos praticamente ocorrem em todos os níveis:

> *Falou e disse.*
> *Ver com os olhos do coração.*
> *Ver com os olhos e ver com os*
> *dedos não é o mesmo.*
>
> *Ver com estes olhos que*
> *a terra há de comer.*

> *Ver com os olhos de*
> *um crítico rigoroso.*
> *Beber bebida alcoólica.*
> *Criar novos caminhos.*
> *Elo de ligação.*
> *Mínimo detalhe.*

Sua especificidade na língua conversacional popular está, entretanto, na sua elevada frequência e na sua tipicidade.

Quanto às repetições de palavras, sobretudo de palavras gramaticais, elas ocorrem até para preencher pausas de hesitação ou de planejamento textual, como se pode observar nos seguintes trechos do material já citado do Projeto NURC/SP:

> *ligar **o::** **o** receptor;*
> *enfoque **na nas** minhas crônicas;*
> ***e e e** que...; cursar... **a a** Escola;*
> *fica ao sabor:: **do do** popular;*

> ***Lá**, perto da estação, **aí** tinha*
> *(hotéis)...;*
> *Acho que uma **língua**... **ela***
> *tem que se acrescentar com*
> *influências...*

Nos casos a seguir, que são semelhantes ao exemplo há pouco citado a propósito da substituição do *cujo* (*A criança, que a mãe dela morreu, foi adotada pela tia*), o fenômeno compreendendo o uso desnecessário de uma forma pronominal correferencial ao SN, tem recebido as denominações de *pronome-lembrete, relativa não padrão, pronome sombra, duplo sujeito; pronome cópia*, podendo-se exemplificar com as seguintes ocorrências:

> *Tem uma amiga minha que ela adora ficar em casa.*
> ***A casa** da fazenda **ela** era...*
> ***Meu primo**, **ele** morreu.*
> ***Esse cestinho** aqui, onde é que tem plástico pra **ele**?*

Pode-se incluir aqui a reiteração da partícula *e* pelo seu caráter essencialmente oral. Nas narrativas orais, a reiteração do *e* em início de turnos e de frases assume uma função de marcador conversacional continuativo, muitas vezes em competição com o *aí*.

Menos frequente, contudo muito usada, também é a partícula *mas*, que é outra forma oralizante de iniciar sentenças e criar coesão, semelhante ao que já vimos no estudo de Said Ali sobre as "expressões de situação", com o *pois é* na frase resposta:

> **Pois é**, *o volume d'água aqui continua acima do nível normal.*

Como exemplos do *mas* inicial, também em respostas, apontamos duas situações bem representativas e bastante significativas:

> Dono da casa: – *Quem é?* (perguntando à empregada que foi abrir a porta)
> Empregada: – *É um senhor.*
> Dono da casa: – *Mas quem é?*
>
> Uma vizinha à outra. – *Mas que lucrou você em contar a ela a minha história?*

Deve-se considerar que há repetições de fundo puramente emocional e repetições enfáticas.

Um caso de repetição enfática é a dupla ou tripla negação:

| | |
|---|---|
| *Nunca ninguém viu nada tão assustador.* | *A Maria, essa não quer nada com o serviço.* |

### (7) Paráfrases, sinônimos, torneios pleonásticos.

Típicos da língua falada, podem ser classificados como repetições de conteúdo com forma diversa. Na língua falada, por exemplo, são normais estruturas e informações circulares, até para desfazer ambiguidades, ao passo que, na língua escrita, os temas e remas se sucedem numa forma progressiva, e eventuais paráfrases tem outras motivações:

> *Eu estive na... através de... em cumaná... é uma praia é um lugar, um litoral muito bonito.*
> *Quase que fui atropelado por trás... um carro quase me atropelou co'a traseira dele.*
> (Projeto NURC/SP, Inq. 37)

**(8) Indeterminação do sujeito com "você".**

Há quem analise esse uso como um recurso afetivo para suavizar o aspecto impessoal de certas elocuções. É o caso de frases como:

> *Aí você espera que seu time arrase, e aí você cai do cavalo.*

em que o falante, referindo-se na realidade a si mesmo e ao seu próprio time, utiliza, porém, o "você", insinuando certo grau de ambiguidade.

Fato semelhante é o emprego da primeira pessoa do plural pela primeira do singular (*vamos* por *vou*, por exemplo). O falante, ao pluralizar a forma, parece incluir seu(s) ouvinte(s) na sua própria subjetividade. O caso do chamado plural majestático, embora seja formalmente semelhante, é de uso retórico ou mais da linguagem científica; é o uso formal da primeira pessoa do plural, que ocorre, por exemplo, em discursos políticos ou em trabalhos científicos escritos.

Ainda nos parece semelhante o uso de "a gente" por "eu" ou por "nós":

> *A gente esperou, esperou, mas ele não apareceu.*

## (9) Coordenações sindéticas ou justapostas.

Trata-se de um recurso frequente e de um fato conhecido e sempre referido pelos gramáticos e estudiosos, mas aqui destacamos o uso mais comum na linguagem falada:

Esse processo de estruturação de frase, que exige pouco esforço mental no que diz respeito à inter-relação entre as ideias, satisfaz plenamente quando se trata de situações muito simples. Por isso é mais comum na linguagem falada, em que a situação concreta, isto é, o ambiente físico e social, supre ou compensa a superficialidade dos enlaces linguísticos. (Garcia, 1980: 103)

Lembramos aqui as chamadas *frases de arrastão* (ver adiante), que são orações que "se enfileiram na ordem da sucessão dos fatos, enunciadas sem coesão íntima claramente expressa", até por ser desnecessária.

Dentro dessa concepção, é de admitir, pois, que tal procedimento é típico da própria competência oral. Todavia, o valor estilístico da coordenação, mesmo na escrita, acontece quando se deseja fazer um aproveitamento dos efeitos da oralidade. Parece, então, que os escritores procuram marcar um tom emotivo ou criar uma atmosfera de espontaneidade nos seus textos.

Cremos que a grande frequência das orações coordenadas na linguagem coloquial está relacionada com a maior possibilidade ou facilidade entonativa que as frases desse tipo permitem. Com efeito, de estrutura mais simples e menos elaborada do que a das subordinadas, dependem muito mais – até para sua maior eficácia comunicativa – da melodia frasal do que do arranjo hierárquico das orações, por intermédio de elementos linguísticos lógicos.

Note-se, ainda, que as ligações oracionais e frásicas nesse tipo de estruturação são obtidas muito frequente e exaustivamente, sobretudo nas narrativas espontâneas de experiências pessoais ou expressões simples, com elementos chamados por alguns de "bordões", marcadores conversacionais de sequência temporal ou conclusiva, continuadores narrativos, como *e*, *aí*, *daí*, *então*. Muitas vezes, dão a impressão de verdadeiros "cacoetes linguísticos".

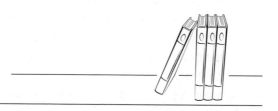

# A frase oral

Depois de repassar vários fenômenos caracterizadores da língua falada em geral e a conversacional em particular, inclusive fenômenos de natureza sintática, dedicamos especial atenção à frase, considerada a unidade básica mínima de qualquer texto. Abordaremos seu(s) conceito(s) (em termos estruturais, ilocucionais, entonacionais, semânticos, pragmáticos), sua estruturação, tipos frásicos, sua relação com outras unidades, como o turno conversacional. Serão enfocados também os vocábulos ou expressões populares, gírias etc., que podem revelar o perfil de uma frase oral popular.

Mais uma vez, mesmo tendo em mente a observação de Marcuschi (1986: 61) de que "tudo indica que as unidades [e não só as frases], na conversação, devem obedecer a princípios comunicativos para a sua demarcação e não princípios meramente sintáticos" (colchetes nossos), o ponto de partida é a "frase da língua", padrão geral da frase do texto escrito. Essa tem sua estrutura teórica prevista ou predeterminada, dentro dos princípios sintáticos, independentemente de sua realização em contexto.

A frase oral – unidade básica mínima da comunicação oral – é, por outro lado, multifacetada e seus tipos estruturais são praticamente imprevisíveis e infinitos, como, aliás, quase todos os fenômenos que integram a própria fala, sobretudo conversacional.

Seu conceito, como de modo geral muitos outros nesse campo, é delineado teoricamente. Sua identificação e interpretação num texto concreto, porém, acabam sujeitas a certo grau de decisão local, tanto são os fatores e variáveis envolvidos, cuja percepção dos dados verbais, não verbais, intenção do falante, reação do ouvinte e demais circunstâncias da situação comunicativa, nem sempre é fácil.

Na língua escrita (quando o escritor procura representar os fenômenos orais), embora os recursos gráficos utilizados, inclusive pontuação, sejam precários para indicar tais fenômenos, seu uso é consciente e convencional, revelando, portanto, com mais visibilidade a intenção do escritor e a consequente delimitação das unidades utilizadas.

Na análise da língua falada, incluindo a da conversação, essa unidade mínima costuma ter várias denominações: *unidade comunicativa, unidade discursiva, frase oral, unidade entonacional de ideia* etc. É, com efeito, de difícil definição, delimitação e consenso. Basta se ter em mente que uma simples partícula como a preposição "de", pronunciada como tônica, do texto a seguir, pode ser considerada, como já vimos antes, um turno conversacional e, ao mesmo tempo, aqui, como uma unidade frasal mínima, para se perceber que unidades desse tipo são noções pré-teóricas, cuja realização implica difícil e discutível interpretação:

> Loc 2 — *acho que vai acelerar um pouco um processo que já está acontecendo, né?*
> Loc 1 — *de?*
> Loc 2 — *isso tudo que a gente estava falando, né?*

Marcuschi utiliza, normalmente, a noção e denominação de *unidade comunicativa*. Embora vagamente definida, pode-se listar as observações e afirmações que o autor faz sobre essa unidade no decorrer dos seus ensinamentos. Daí resulta uma visão auxiliar, apesar de incompleta, para a compreensão da sua unidade comunicativa:

- trata-se de uma noção pré-teórica;
- constitui uma grandeza comunicativa definida com base em critérios interacionais (de natureza semântico-pragmática) e não apenas sintáticos;
- é tomada como substituto conversacional para "frase", ou seja, é a expressão de um conteúdo que pode dar-se, mas não necessariamente, numa unidade sintática tipo frase;
- corresponde, aproximadamente, a enunciado conversacional, podendo ou não coincidir com turno, oração ou ato de fala;
- essa unidade é um recorte discursivo funcionalmente caracterizado e internamente composto de padrões sintáticos de natureza diversa, como, por exemplo, uma ou várias orações ou mesmo parte de oração;
- geralmente ela vem marcada (delimitada) por um marcador conversacional (verbal ou não) no início e no final.

Muito tempo antes, Camara Jr. distinguia **frase do discurso** de **frase da língua**, deduzida esta, por abstração, das frases concretas dos discursos. Para esse autor, o que caracteriza a frase é trazer nela embutido "um propósito definido" por parte do seu locutor, não importando a extensão do enunciado, nem a sua forma linguística, nem a existência de um sentido completo.

> "A **frase da língua** é uma unidade de comunicação, que em princípio é bastante para esse fim. Em outros termos, abstração feita da situação em que se acha o falante, e dos recursos extralinguísticos de que ele se serve (quer elocucionais, como sons inarticulados da natureza do muxoxo, do riso, do suspiro etc., quer não elocucionais, como a mímica), os elementos linguísticos, funcionando de *per si*, são suficientes para estabelecer uma comunicação clara, precisa e bem definida, constituindo o que tradicionalmente se chama ORAÇÃO ou PROPOSIÇÃO." (Camara Jr., 1959: 197-8)

> "A **frase é a unidade do discurso**, quando um falante se dirige a um ou mais ouvintes sobre um assunto dentro de uma situação concreta. Caracteriza-se pela entoação, ou tom frasal, que é a marca do seu plano hierárquico em face da forma ou formas linguísticas que utiliza. O que lhe dá individualidade é o propósito definido do falante, e assim a frase varia desde a formulação linguística complexa até a simples interjeição. E a formulação linguística pode vir incompleta e falha, porque se esclarece pela situação, se complementa com a mímica e se amplia com sons inarticulados à margem da língua." (Camara Jr., 1959: 206-7)

Para a compreensão da **frase do discurso oral**, que estamos denominando *frase oral*, consideramos a síntese que Camara Jr. faz (no quadro ao lado) e destacamos que nos parece básica, para a ótica da presente obra, algumas particularidades que se implicam pelo aspecto entonacional, contidas direta ou indiretamente na conceituação de frase oral do discurso feita pelo autor.

A primeira é o destaque dado justamente ao recurso entonacional, que de forma geral assinala e demarca claramente o início e o fim da frase. Daí, do ponto de vista fonético, a entonação ser o dado essencial para a sua definição.

A segunda é quanto à afirmação de que a frase "varia desde a formulação linguística complexa até a simples interjeição". A interjeição é, pois, a possibilidade de formulação de frases de menor extensão possível, que, ademais, exibe o seu contorno melódico exclamativo, favorecendo a realização das funções, além da função interjectiva propriamente dita, também a interrogativa, imperativa, onomatopaica e de chamamento, como é o caso do vocativo, entre outras.

A lista, a seguir, exemplifica algumas dessas possibilidades:

| | | | |
|---|---|---|---|
| *Ah!* | *Cruz-credo!* | *Hum!* | *Olá!* |
| *Ai de mim!* | *Heim?* | *Hum?* | *Puxa!* |
| *Bolas!* | *Homem!* | *Oh!* | *Tica-tac!* |
| *Bravo!* | *Hui!* | *Oi!* | *Valha!* |
| *Clic!* | | | |

Tais frases exclamativas, sem núcleo verbal, são denominadas também *unimembres*, que são entendidas como o tipo mais simples de frase. A interjeição não é, a rigor, uma "palavra", mas equivale a um enunciado independente ou a uma oração inteira. É comum aparecer combinada com outras unidades para constituir frases mais complexas, como:

| | |
|---|---|
| *Valha-me Deus!* | *Oh que vida!* |

Na realidade, são frases com um só membro, que é o predicado. Nesse sentido, as chamadas *frases impessoais* ou *frases sem sujeito*, que veremos adiante, são também frases unimembres.

No momento, lembramos outra classificação quanto a esses tipos de frases. Com efeito, podem ser subdivididas em *palavras-frase lógicas* (*Sim. Não.*), que exprimem noções puramente intelectuais, e em *palavras-frase afetivas*, de expressão emotiva, que só se realizam numa dada situação: *Fogo!*, *Formidável!*.

A terceira observação está indiretamente vinculada à citação e se refere ao vocativo. O vocativo também é uma unidade frasal à parte: constitui, isoladamente considerado, uma frase exclamativa. Não se liga à estrutura argumental da oração. Dela separa-se nitidamente por uma curva entonacional exclamativa, cumprindo uma função apelativa de 2ª pessoa, pois, por seu intermédio, chamamos ou pomos em evidência a pessoa ou coisa a quem nos dirigimos:

> *Menina, vem cá!*
> *Você, minha filha, precisa realmente estudar mais.*

Conclui-se, então, pelo desligamento da estrutura argumental da oração, que o vocativo constitui, por si só, a rigor, uma *frase exclamativa à parte*.

Na frase, por exemplo, *Menina, vem cá!* combinam-se a frase exclamativa do vocativo e a frase exclamativa do imperativo.

O terceiro dado é o aspecto entonacional como expressão de um propósito definido. A entonação é, então, o dado formal sensível que sinaliza a intenção do falante em relação a esse propósito.

Para o que Camara Jr. chama frase da língua/frase do discurso, há quem chame, respectivamente, *frase*, entendida como uma forma virtual de construção existente no sistema da língua (uma abstração, portanto) e *enunciado*, que corresponde à realização concreta na fala ou na escrita.

Nessa questão de conceitos e denominações das frases, lembramos aqui a contribuição de Castilho (2010) para o caso particular das frases de reduzido tamanho e/ou inexistência de estruturação sintática, típicas da conversação, às vezes chamadas de *palavras-frase lógicas, palavras-frase afetivas, frases-nominais, frases monorrêmicas*, entre outras. O autor as examina sob a denominação de *minissentenças*, inserindo exemplificação complementar e observações oportunas.

Assim, o autor recolheu e relacionou muitos exemplos, entre os quais destacamos:

> *Ei, você aí!*
> *Liquidação, meu!*
> *Ladrões para a cadeia!*
> *Coitado do homem!*
>
> *Difícil, cara!*
> *Só eu não, violão!*
> *Meu guarda-chuva!*

Em relação às observações, relacionadas às propriedades discursivas, apontamos a inexistência de verbo em forma pessoal, a pauta prosódica frasal e a propriedade de imprimir rapidez ao texto. Resumindo, por ora, a frase oral é aqui considerada uma unidade comunicativa entonacionalmente definida, delimitada e segmentada, conforme os propósitos do falante e/ou condições discursivas da produção coletiva do texto conversacional. Frequentemente, tem feição oracional, ainda que muitas vezes sem uma estrutura interna específica e a completude gramatical canônicas. Tomando-se por base essa concepção, trata-se, pois, de uma unidade teórica, e a decisão do seu recorte, contudo, é tomada localmente, numa situação textual concreta. São fundamentais, específica e exclusivamente a entonação e a situação, que se implicam fortemente.

Retornemos, entretanto, ainda a Camara Jr. (1959: 200-208), captando e consolidando várias passagens sobre esse tema central, à semelhança do que fizemos com Marcuschi no início deste capítulo, em relação a sua *unidade comunicativa*, "tomada como substituto conversacional para 'frase'", dispensando-nos, porém, de comentários comparativos:

- A língua-sistema é capaz de construir a frase com seus únicos elementos, isto é, apenas com os elementos linguísticos, que funcionam *de per si*, abstração feita da situação, recursos extralinguísticos e entonação.
- Assim, temos a frase da língua ou oração, em contraste com a frase do discurso oral. É da primeira que cogita

a linguística, daí deduzindo os tipos frasais, de que se serve tradicionalmente a linguagem escrita, tratada na parte da gramática chamada *sintaxe*.

- Serve de parâmetro para a noção da frase da língua a frase do texto escrito. Assim, o texto escrito ministra a frase sem entonação, fora de uma situação adequada e dirige-se a leitores individualmente imprecisos e vagamente conhecidos.
- É ao discurso escrito que se deve, a rigor, o desenvolvimento de um tipo de frase complexa [não que a frase oral não o seja], em que em torno de uma parte predominante [sujeito + predicado] se articulam as demais numa espécie de constelação de subunidades frasais.

Em seguida, passamos a considerar alguns **tipos frásicos**, com base em alguns critérios.

- Quanto ao seu valor significativo, distinguem-se:
  - as **frases nominais** (construídas, dentro de uma visão estática, apenas com categorias nominais, com função referencial):

| | |
|---|---|
| *Ônibus destroçado na rodovia. 13 mortos.* | *Tudo bem.* |
| *Cada macaco no seu galho.* | *Casa de ferreiro espeto de pau.* |
| *Parada de ônibus.* | *Caminhada já!* |

  - e as **frases verbais** (construídas, dentro de uma visão dinâmica, em torno do verbo:

*Um vulto **cresce** na escuridão.*

Quanto às frases nominais, podem-se aventar alguns verbos, como no exemplo a seguir, mas evidentemente descaracteriza-se a frase e seu efeito na língua falada é prejudicado:

> *Cada macaco **deve ficar** no seu galho.*

As frases estruturadas com um verbo de estado, como *A vida é bela, O homem é bom* são também denominadas *frases nominais*.

- Quanto à estrutura íntima, há em cada frase duas partes conhecidas pelos nomes de sujeito e predicado. Na realidade, esse tipo de frase é um sintagma oracional estruturado na base de sujeito (elemento determinado) e predicado (elemento determinante), que faz lembrar não só orações ou frases passivas etc., mas também frases impessoais. Chamamos de *frases impessoais* ou *sem sujeito* as que estão concentradas apenas num elemento do binômio estrutural, o predicado:

> *Fez muito frio ontem. Há muitos animais abandonados.*

As gramáticas tradicionais tratam das *orações sem sujeito* ou *de sujeito inexistente*, isto é, aquelas, cujos verbos são *verbos impessoais*, como *chover, trovejar, anoitecer, fazer frio* etc., e o verbo *haver* no sentido de "existir". Como orações sem sujeito não se atribui, pois, a declaração expressa no predicado a quem quer que seja, ou, por outras palavras, o intento da comunicação no comentário.

Apontando como erro o emprego do verbo "ter" por "haver" no sentido de "existir" na língua literária, Bechara (1976: 33) já comentava: "Este emprego corre vitorioso na conversação de todos os momentos, e já vai ganhando aceitação nos escritores modernos brasileiros que procuram aproximar a língua literária da espontaneidade do falar coloquial."

A referência ora à frase ora à oração, inclusive, às vezes, como termos sinônimos, leva-nos a repensar os dois termos, **frase** e **oração**, com noções diferentes, mas reciprocamente implicados, independentemente do aspecto estrutural ou semântico.

Assim, entendemos **frase**, especificamente no presente passo, todo enunciado suficiente por si mesmo para estabelecer comunicação, independente de sua estrutura, isto é, trata-se de uma unidade mínima de comunicação. **Oração**, por outro lado, é um sintagma (oracional) estruturado na base de sujeito e predicado:

> *Um vulto cresce na escuridão.*

Ou oração é frase, formulada no esquema discursivo, na língua portuguesa, com um vocábulo nuclear, o verbo, que constitui o núcleo de um *predicado* (segmento determinante) que se refere a um *sujeito* (segmento determinado). Mesmo a frase nominal com o verbo *ser* que vimos anteriormente em *A vida é bela*, comporta essa estrutura sendo *A vida* o sujeito e *é bela* o predicado.

Frase e oração podem, entretanto, se corresponder exatamente, na medida em que uma frase contenha uma única oração.

Podemos falar, pois, em "frases oracionais", em que uma frase contenha ao menos uma oração e "frases não oracionais", em que a unidade comunicativa não está sintaticamente estruturada como oração:

| *Psiu!* | *Que lindo dia!* |
|---|---|

Sobretudo para a língua falada conversacional, lembramos as partículas:

| *Sim!* | *Não!* |
|---|---|

que representam um dos tipos de frases monorrêmicas, ou frases constituídas de um só vocábulo, o qual engloba em si os elementos do sintagma oracional, sendo o vocábulo não analisável em partes, funcionando, pois, em bloco. Parece-nos que está no mesmo caso frases como:

> *Fogo!*

Em *Sim!* ou *Não!* cremos que há dois elementos a serem considerados: um que é o próprio *Sim!* no enunciado, enquanto o outro está no cotexto, que pode ser, por exemplo, uma pergunta fechada anterior: – *Você vai ao cinema amanhã?*, à qual se responde afirmativa ou negativamente.

Em *Fogo!* também há dois elementos: um no texto, que é o enunciado-vocábulo em si, pronunciado com entonação especial, *Fogo!*, e o outro no contexto situacional, que é o próprio referente "fogo" de um prédio em chamas, por exemplo. Frases como:

| *Fogo!* | *Formidável!* |
|---------|---------------|

ou semelhantes são também chamadas de *frases de situação* ou *de contexto*, que ficam mais bem entendidas, esclarecendo-se que, às vezes, no "cotexto" da língua escrita ou na "situação" da língua falada, isto é – no ambiente físico e social onde é enunciada – um dos componentes básicos da oração está subentendido.

Assim, uma advertência, um aviso, um anúncio, uma ordem, um apelo ou uma exclamação, como exemplificados a seguir, são ou podem ser considerados frases, embora lhes falte a característica material da integridade gramatical explícita. Entretanto, só mentalmente integralizados com o auxílio do cotexto ou da situação é que adquirem legítima feição de frase:

| *Fogo!* | *Silêncio!* |
|---------|-------------|
| *Perigo de vida.* | *Socorro!* |
| *Apartamento à venda.* | *Que bom!* |

A esse tipo de frases alguns autores chamam "frase de situação", e outros de "frases inarticuladas".

Concordamos que tais frases dependam do cotexto na fala e na escrita; na língua falada dependem especialmente do contexto situacional. Ademais, na língua falada, elas estão sempre marcadas pela entonação. Em relação às exclamativas referidas acima, retomamos a frase onomatopaica, para acentuar seu poder de concretização de um sentido, como se observa no comentário seguinte, feito por um informante do Projeto NURC/SP, exemplificando ao seu modo o ruído do trânsito na cidade:

Loc 1 – *Os que não estão acostumados com a cidade, **pum**, se mete no trânsito.*

Na nossa "Introdução", havíamos acenado para a hipótese de utilizar textos literários que reproduzissem marcas de linguagem falada popular. Em termos de onomatopeias, lembramos o conto *Desempenho*, de Rubem Fonseca, em que um lutador protagonista de luta livre faz, como que narrando ao vivo, a dramática descrição da própria luta. Para tanto, emprega nada menos do que 14 frases onomatopaicas, concretizando imagens auditivas de socos, murros, chutes, pontapés, pisões por meio de:

| | | | |
|---|---|---|---|
| *vap!* | *blam!* | *vum!* | *zum!* |
| *plaft!* | *bum!* | *tum!* | |

Voltando à questão das frases oracionais, com base nas noções de oração, por outro lado, se define o termo *período*, que equivale estruturalmente à frase oracional. Se se tratar de uma frase constituída de uma única oração, diz-se *período simples* (ou *frase oracional simples*), como, por exemplo:

> *Um vulto cresce na escuridão.*

Se determinada frase for constituída de mais de uma oração, diz-se *período composto* (ou *frase oracional composta*) que pode ser menos ou mais complexo.

No caso de período composto menos complexo, ele se constrói por uma sequência de orações mais ou menos breves, justapostas ou delimitadas por elementos coesivos simples. Trata-se do chamado *período composto por coordenação*, de ocorrência mais frequente na língua falada popular, como:

> *Papagaio come milho, periquito leva a fama.*
> *Todos falavam ao mesmo tempo e ninguém se entendia.*

O período composto mais complexo se realiza por meio de uma série de orações que se encaixam e se subordinam de uma forma mais complexa. Trata-se do chamado *período composto por subordinação*, mais frequente na escrita ou fala mais elaborada, mas ocorrente também na língua falada mais espontânea, quando de estruturação menos elaborada, como:

> *Vendeu tudo que tinha e meteu a cara no mundo.*
> *A casa onde morava só cabia um cachorrinho que achou na rua.*

Em ambos os casos trata-se, pois, de frases oracionais.

Preocupado com o ensino da redação, Garcia (1980) faz um estudo sobre a *feição estilística da frase*, com o objetivo justamente de alertar os interessados para os tipos frásicos que, por uma razão ou outra, devem ser evitados na escrita.

Nesse sentido, lembra um tipo de frase que denomina de **frase de arrastão** já referida nas "características sintáticas".

Trata-se de um tipo de período composto, em que se enfileiram orações na ordem da sucessão dos fatos, normalmente sem coesão íntima claramente expressa, satisfazendo plenamente as necessidades do relato, quando aborda situação muito simples, como:

> *Cheguei à porta do edifício, toquei a campainha e esperei algum tempo, mas ninguém atendeu, pois já passava das dez horas.*

Hoje, a denominação **frase de arrastão** talvez se torne problemática, em virtude da conotação que "arrastão" desperta em relação à "ação conjunta de delinquentes para assaltar grande quantidade de pessoas em locais públicos". Mantivemos, entretanto, a expressão, com a devida observação. Talvez uma tentativa de expressão sinônima pudesse ser "frase de encadeamento factual".

Esse tipo frásico é mais comum na língua falada, sendo essa estrutura de frase típica da linguagem coloquial despretensiosa, na medida em que atende às necessidades da comunicação imediata nas situações muito simples, traduzíveis em estilo narrativo-descritivo.

Por outro lado, as gramáticas tradicionais da língua escrita costumam classificar, entre outras tipificações, as frases ou orações segundo seus contornos melódicos particulares. Algumas falam em três tipos de oração, segundo a entoação oracional ou frasal: declarativa, interrogativa e exclamativa. Outros mencionam cinco: *declarativo* ou *enunciativo, interrogativo, imperativo-exortativo, vocativo* e *exclamativo*. O primeiro corresponde à função referencial, representativa ou informativa da linguagem; os três seguintes à função apelativa ou conativa e o último à função emotiva ou expressiva.

Admitido que todo enunciado, toda frase tem uma força ilocutória, entendemos que ao menos algumas intenções comunicativas e respectivas forças ilocutórias do falante, independentemente do próprio conteúdo da fala, tem a ver com os contornos melódicos frasais. Eles indicam forças tais como *declarar, perguntar, responder, pedir, exortar, exaltar-se, chamar* etc., as quais se depreendem dos próprios contornos entonacionais, que, na fala, integram indissoluvelmente o ato de dizer.

Numa perspectiva um pouco diferente podemos considerar tais tipos de frase, como: *declarativa,* correspondendo a atos ilocutórios representativos; *imperativa,* utilizada para pedir; *imperativa,* empregada para instrução do interlocutor a fim de que realize determinado ato; *exclamativa,* correspondente a uma realização linguística de um ato expressivo.

Quando se exemplificam frases como:

| | |
|---|---|
| *Fogo!* | *Corra!* |
| *Quem veio aqui?* | *Bons olhos o vejam!* |

taxando-as de exclamativa, interrogativa, imperativa, optativa, analisa-se a entoação frasal ou oracional, isto é, as curvas entonacionais ascendente ou descendente, e, portanto, estamos especificamente no terreno da frase oral e seus tipos. O eventual fato de frases desses tipos e outros aqui relacionados aparecerem em textos graficamente produzidos não as desqualifica como frases orais. São realmente representações da oralidade na escrita, como temos insistido tantas vezes em nossos estudos.

Há um tipo de interrogativa rotulado como **interrogativa tag, tag-question** (pergunta posposta), muito frequente na conversação. É uma forma interrogativa que repete, no final de um enunciado, o verbo de uma declarativa que a precede, segundo o seguinte esquema:

> Ver "interrogativas *tags*" em Mira Mateus et al. (1983: 371) e Urbano (1994).

| | |
|---|---|
| *Ele vem, não vem?* | *Ele sempre foi estudioso, não foi?* |
| *Ele não vem, vem?* | *O negócio é impessoal, não é?* |

Essas perguntas são consideradas também marcadores conversacionais e funcionam como marcadores de *busca de aprovação discursiva.*

No final dessa abordagem sobre noções e tipos de frases orais, queremos ainda fazer uma reflexão sobre as tão referidas *frases feitas*, nelas incluídos os provérbios, ditados, circunlóquios e demais recursos semelhantes.

Na seção "Características léxico-semânticas" do capítulo anterior, mencionamos vários tipos de expressões como itens lexicais, muitas vezes, referidas como frases feitas de modo geral. Aqui, queremos chamar a atenção para as que poderíamos denominar "frases feitas propriamente ditas, sobretudo populares". Em termos de conceituação há pouca discussão a respeito.

Para efeito de sua noção, consideramos como *frases feitas* aquelas, tanto em termos de unidade de comunicação como de estrutura relativamente fixa, que são de estrutura oracional ou de estrutura nominal:

| | |
|---|---|
| *Eu num tô nem aí.* | *Casa de ferreiro espeto de pau.* |

ou expressões fixas, em princípio não oracionais.

Assim, a expressão *entrar pelo cano* pode se transformar numa frase oracional concreta em *Ontem entrei estupidamente pelo cano*, com verbo pleno, isto é, verbo com flexão modo-temporal e número-pessoal.

Consideramos, pois, como frases feitas tanto mensagem como a repetidíssima advertência de feição culta "O Ministério da Saúde adverte: ...", quanto a de feição popular "Deus seja louvado", que figura nas cédulas de dinheiro em circulação.

Ao fazer essa observação, reforçamos a ideia do que entendemos por frases feitas "populares". São frases de estrutura e conteúdo simples, normalmente metafóricas, comportamentais e existenciais, que nascem manifestando no seio do povo e/ou nele circulam como de sua propriedade, com naturalidade e espontaneidade, graças justamente à simplicidade de sua forma e conteúdo.

Cremos ter deixado claro que, dentro das indefinições e/ou discrepâncias encontradas para o termo frase, esse termo, no presente trabalho, embora bem ponderado, é usado frequentemente como um termo guarda-chuva, um hiperônimo. Nesse sentido, o termo compreende não só a frase enquanto unidade mínima de comunicação, como também orações e períodos frasais e, ainda, expressões fixas, particularmente responsáveis e representativas para a feição e noção de frase oral popular.

## Tipos e exemplário de frases

Apresentamos a seguir uma exemplificação de frases, no sentido exposto atrás, na sua grande maioria, tipicamente orais de nível popular, recuperada do texto e muito vinculada aos comentários nele expostos, cuja leitura, portanto, é imprescindível para sua cabal compreensão.

Não se trata de uma classificação cientificamente precisa, mas de uma listagem descritiva, autoexplicativa e sugestiva, mais ou menos nos moldes de Garcia (1980), que no seu capítulo "Feição estilística da frase" utiliza rótulos como *frase de arrastão, de ladainha, entrecortada, caótica, telegráfica, labiríntica, centopeica,* entre muitas outras denominações. Enfim, listamos um grande, mas não exaustivo, repertório de modos populares de dizer coisas no dia a dia.

Como se observará, há exemplos que se repetem sob rótulos diferentes, por ilustrarem ao mesmo tempo mais de um tipo frásico, como a frase clichê hiperbólica abaixo, em relação às quais procuramos fazer indicações remissivas:

*Você é a melhor mãe do mundo.*

Há rótulos diferentes, porque classificados segundo ótica ou perspectiva diferente, que se remetem natural e reciprocamente (frases afetivas, apelativas, imperativas, emotivas, frases-comentários, por exemplo, sob a perspectiva da entonação, são todas exclamativas). Há rótulos praticamente sinônimos; por exemplo, frases hiperbólicas e frases intensificadas. Nesses casos optamos por repetir os rótulos, porém, invertidos.

Há exemplos que podem ser encontrados na escrita culta, mas que aqui aparecem por sua possibilidade de ocorrência também na fala espontânea popular em sentido amplo. Naturalmente, uma frase como

*A lua apareceu entre as nuvens.*

ainda que extraída de texto escrito poético, só ganha expressividade emotiva real e viço, se oralizada contextualmente, isto é, declamada em público, em razão do uso vivo da voz e da coocorrência de elementos prosódicos (como altura, intensidade, ritmo, velocidade, timbre), estado emocional, além do ingrediente fundamental dos gestos. Por outro lado, e ao contrário, a passagem de uma frase tipicamente oral contextualizada, de uma conversação calorosa, para a língua escrita é como se um corpo vivo se transformasse em esqueleto frio e rígido, para usar um pensamento um pouco hiperbólico.

Uma observação final: muitos exemplos foram transcritos nos moldes convencionais explicados anteriormente, a fim de exibirem uma maior fidelidade das oralizações e maior expressividade, graças à intensidade silábica, alongamentos etc.

| Tipos de frases | Exemplário |
|---|---|
| frases afetivas (ver também frases interjectivas e exclamativas e frases) | *Pobre homem!* <br> *Minha vida acabou!* <br> *Oi!* |
| frases ambíguas quanto à pronúncia e/ou audição | *Quatro dois, três dois, oito três, um dois.* (número telefônico informado por telefone, mas ouvido: *Quatro dois, três dois, oito **seis**, um dois*) <br> *Ele ficou só **três** dias na cadeia.* (ouvido: ***cem*** *dias*) <br> *Dona Biap areceu durante a festa.* (ouvido: ***faleceu***) |
| frases anacolúticas | *Essas crianças de hoje ninguém pode com elas.* <br> ***Eu*** *agora, cabô desculpa de concurso, né?* |
| frases apelativas (ver também frases imperativas) | *O Zé,* ***olha o*** *meu carro novo!* <br> *Psiu!* |
| frases bimembres | *Casa de ferreiro espeto de pau.* <br> *Tal pai, tal filho.* |
| frases *cleft sentence* | *Ele pitava* ***era*** *charutos.* <br> *Fico espantado* ***mas é*** *de ver tanta burrice.* |
| frases clichês/ lugares-comuns | *Você é a melhor mãe do mundo.* <br> *O sol é o astro rei.* <br> *A família é a base da sociedade.* <br> *Homem é tudo igual: nenhum presta.* <br> *Ele tem um coração de ouro.* |
| frases com aliteração | *Mas o menino ficou* ***são*** *e* ***sal****vo.* <br> *Ela fez a lição de **ca**bo a **ra**bo.* <br> *C**res**ça e apa**re**ça.* <br> *Não topo aquele ho**rren**do He**nri**que.* |
| frases com anáfora expressiva | *Vem, eu te peço* ***isto****.* |
| frases com cacofonia | *Olha* ***como ela*** *é bonita.* <br> *A bo**ca dela** está sempre pintada.* <br> *Mas nenhum jogador ma**rca gol** como o Pelé.* |
| frases com colocação pronominal popular/ agramatical | ***Me*** *dá um dinheiro aí?* <br> ***Te*** *mando amanhã sem falta o cheque.* |
| frases com concordância agramatical | *Nós se **fala** depois.* <br> *Nós se **falava** todos os dias.* <br> *Lá tem **menas** gente que aqui.* |

| | |
|---|---|
| **frases com concretização de substantivos abstratos** | *Às vezes o menino tinha U::mas ideias...* <br> *A população anda cheia de medos.* |
| **frases com construções analíticas/frases com gerundismo às vezes agramatical** | *Vou estar fora neste fim de semana.* (por *estarei*) <br> *Vou ficar conversando com você durante o almoço.* (por *vou conversar* ou *conversarei*) |
| **frases com deslocação/ topicalização à esquerda** | *A Maria, essa não quer nada com o serviço.* <br> *Eu agora, cabô desculpa de concurso, né?* |
| **frases com dupla ou tripla negação** | *Nunca ninguém viu nada tão assustador.* <br> *O candidato não respondeu nada.* |
| **frases com expletivos enfáticos** | *Ainda não marcamos quando que iremos casar.* <br> *Que é que foi que eles fizeram?* <br> *Quero saber como que você fez isso.* |
| **frases com expressões idiomáticas** | *Cumpriu o combinado ao pé da letra.* <br> *Renato chora de barriga cheia.* <br> *Wilson tem as costas quentes.* <br> *Agora sou eu que pago o pato, né?* |
| **frases com flag** | *Lá em casa tudo vai bem.* <br> *Esse cestinho aqui...* |
| **frases com gerundismo às vezes agramatical** | *Vou lhe estar mandando o e-mail imediatamente.* (por *vou mandar* ou *mandarei*) |
| **frases com gíria** | *Faz tempo que não tomo uma branquinha geladinha.* <br> *Éh fedengoso, vê se toma um banho!* <br> *Se ser assim é ser cafona, então eu sou cafona.* |
| **frases com marcador conversacional ou com palavras de apoio** | *Amanhã vou aí, viu?* <br> *Olha, o Pedroso não trabalha mais aqui.* <br> *Pois é, o volume d'água continua acima do nível normal.* <br> *Mas é que eu moro longe, viu?* |
| **frases com palavra-ônibus** | *Guarda os dois coisos pra mim?* <br> *Junta os trens que a coisa (= trem de ferro) tá chegando.* |
| **frases com palavras de formação erudita** | *Ela sofria de paixonite aguda.* <br> *O debiloide do candidato não respondeu nada.* |

| | |
|---|---|
| **frases com pleonasmo** | *O senhor bebeu bebida alcoólica?*<br>*Tudo ele via com os olhos do coração.*<br>***Falou e disse!***<br>*Ele mora bem longe, mais no interior.* |
| **frases com reduções fonéticas em algumas palavras, típicas da oralização verbal** | *Passou por baxo da cadera.*<br>***Tamém tô que tô com você!***<br>*Na chacra tem abobra de montão.* |
| **frases com regência e/ou uso agramatical de pronomes** | *Ele não assistiu filme algum.*<br>*Maria estava com o vestido que o namorado gostava.*<br>*Existe alguma coisa que lhe incomoda?*<br>***Chegou atrasado na estação.***<br>*Eu nunca esqueço disso.* |
| **frases com silabação e/ou antecipação de acento** | *É for-mi-DÁvel! FÓRmidável mesmo!* |
| **frases com uso popular, agramatical de preposição ou locução prepositiva** | *Todos os sem-terra moravam sobre o mesmo teto.*<br>*Não tô a fim.* |
| **frases com uso popular, agramatical de preposição ou locução prepositiva** | *Juntou os trapos com o dito-cujo e foi embora.*<br>*Aquela não era tarefa pra mim fazer logo.* |
| **frases com uso popular/ vulgar de pronomes (alguns aceitáveis, outros condenáveis)** | *Depois nós se fala depois.*<br>*Depois que desligaram o telefone nós não se comunicamos mais.*<br>*Você encontrou todos eles ontem?*<br>***Entre José e eu tudo vai bem.***<br>*Desculpa, eu se me esqueci de avisar.* |
| **frases com uso popular de tempo e/ou modo verbal** | *Amanhã eu apareço por lá.*<br>*Se eu pudesse eu também era empresário.* |
| **frases com uso de pronome lembrete, sombra etc.** | *Tem uma amiga minha que ela adora ficar em casa.*<br>*Esse cestinho aqui, onde é que tem plástico pra ele?*<br>*A criança que a mãe dela morreu, foi adotada pela tia.*<br>*Meu primo, ele morreu a semana passada.* |

| | |
|---|---|
| **frases-comentários emotivas (positivas/ negativas/neutras)** | *Que frescura! Que fricote! Pipoca! Que bom! É um espe-TÁ-culo! É uma de-LÍ-cia! Ca-CILda! Isso é um crime! Pa-pa-GAI-o!! Ca-RA-lho!* |
| **frases comparativas com conectores populares** | *Ela fala que nem papagaio. É seco que nem bacalhau.* |
| **frases conotativas com expressões idiomáticas** | *Quis falar mal dela, mas mordeu a língua. Foi à bica e matou a sede. Fala com ele que ele quebra o galho. Tudo vai indo de vento em popa.* |
| **frases de arrastão** | *Cheguei à porta do edifício, toquei a campainha e esperei algum tempo.* |
| **frases de contexto** | *Pegue a caneta ali em cima daquela mesa.* |
| **frases de cotexto** | *Loc 1 – Você procurou a pasta? Loc 2 – Sim, mas não encontrei.* |
| **frases de situação** | *Fogo! Bom apetite! Até logo! Feliz Natal! Perigo de vida* (em placas de aviso) *Chuva! Socorro!* |
| **frases declarativas** | *O sol brilha para todos.* |
| **frases dêiticas** | *Por aqui, agora, eu não te deixo passar nem a pau.* |
| **frases denotativas** (ou parcialmente denotativas, em comparação com o par conotativo) | *Meu dente está tão fino que qualquer hora vou morder a língua. Foi à bica e matou a sede. O ônibus bateu em dois carros e quebrou o galho da árvore na calçada.* |
| **frases egocêntricas** | *Eu falei pra você não me procurar mais aqui no meu trabalho, porque eu não tenho interesse e eu vou sair deste emprego.* |

| | |
|---|---|
| **frases elípticas** | *Qual é **a** dele?* (= a opinião)<br>*O Zé ficou **na** dele e todos ficaram numa **boa**.* (= na opinião; numa boa situação) |
| **frases emotivas** | *Minha vida acabou!*<br>*Santo António!*<br>*Pobre homem!* |
| **frases enfáticas, por meio de diversas estratégias** | *Ele é **O** fim!* (por meio do uso de artigo)<br>*Ele é **O** amigo!* (idem)<br>***Precisa andá! Precisa andá, heim!*** (por meio de repetição) |
| **frases eufemísticas** | *Vai **tomar banho!*** por *Vai pros quintos dos infernos!*<br>*Serenamente **passou desta pra melhor**.* (= morreu)<br>(nos dicionários de expressões idiomáticas são registradas inúmeras expressões para a palavra "morrer")<br>*Dona Lucinda está com **doença ruim**.* (= câncer; uso já arcaico)<br>*Aquele cara é **filho da mãe!*** (segundo Ferreira: expressão eufemística por *filho da puta*) |
| **frases exclamativas** | *Fogo! Que bom!*<br>*Pobre homem!*<br>*Corra, menino!* |
| **frases fáticas** | *Alô! O telefone teve novo aumento. **Tchau!***<br>***Olá, como vai?*** |
| **frases feitas, fixas, cristalizadas** | *Jogar conversa fora.*<br>*O gato comeu sua língua?*<br>*Nem tudo que reluz é ouro.*<br>*Pega pra capar.*<br>*Vai contar isso pra outro.*<br>*Pegou fulano pra Cristo.* |
| **frases gestuais** (frases orais e gestuais ao mesmo tempo) | *Num tô nem aí.* (acompanhada, numa conversa, habitualmente de subida e descida de ombros, concretizando indiferença) |
| **frases ilógicas, incoerentes** (ao menos aparentemente) | *Me traga um suco **estupidamente** gelado.*<br>*Ricardo está **podre de rico**.*<br>*Não vou lá **frio** que **faz fora**.*<br>*O **filho da puta** é **inteligente**: estudou pouco e mesmo assim passou em primeiro lugar.*<br>(Ferreira esclarece que, além do sentido negativo, paradoxalmente é usado em sentido elogioso) |

| | |
|---|---|
| **frases imperativas** | *O Zé, **veja** meu carro novo!*<br>***Corra**, menino!*<br>***Caminhada já!*** |
| **frases impessoais/ sem sujeito** | ***Há** muitos animais abandonados.*<br>*Fez **muito frio** ontem.*<br>*Hoje **tem** muita gente na rua.* |
| **frases inarticuladas** | *Bom dia!*<br>*Até logo.*<br>*Com licença!* |
| **frases indefinidas/ indeterminadas/ indeterminantes frásicos** (por meio de vários procedimentos) | *não sei onde*<br>*sei lá*<br>*quem sabe*<br>*logo mais*<br>*Falam de amigos, de futebol, **de não sei o quê**... e **não param de falar**.*<br>*Aí **você** espera que seu time arrase e **você** cai do cavalo. (**você** = eu/você/os torcedores)*<br>***A gente** esperou, esperou, mas ele não apareceu. (a gente = eu/nós)*<br>*Qual é **a dele** (a dele = indeterminado)*<br>*Sabe como é... não vi.*<br>*Ela já tem **certa** idade.*<br>*Ele tem **uns** setenta anos.* |
| **frases intensificadas/ hiperbólicas** | *Nunca pensei que houvesse homens com **aquela** coragem.*<br>*Me traga uma laranjada **estupidamente** gelada.*<br>*Esse discurso vai demorar **toda** vida.*<br>*Ele entende de tudo: de A a Z.*<br>*Você é **a melhor mãe do mundo**.* |
| **frases intercaladas** | *Os que não estão acostumados com a cidade, **pum**, se mete no trânsito.* |
| **frases interjectivas** | *Ai de mim!*<br>*Bolas! Nossa Senhora Aparecida!*<br>*MiAu!* |
| **frases interrogativas** | *Quem veio ontem aqui? Não sabe?* |
| **frases interrogativas** (tags; interrogativas pospostas) | *Mas eles foram, **não foram?***<br>*Você é um bom estudante, **não é?***<br>*Ele não estudou nada, **estudou?*** |

| | |
|---|---|
| **frases irônicas** | *Ele bateu as botas e vestiu o paletó de madeira.* |
| **frases linguisticamente comuns** (isto é, em linguagem comum ou popular em sentido amplo) | *Elogio em boca própria é ofensa.* <br> *Quem não tem cão caça com gato.* <br> *É hora da onça beber água.* |
| **frases linguisticamente cultas** | *Elogio em boca própria é vitupério.* <br> *É hora de a onça beber água.* |
| **frases linguisticamente vulgares ou estigmatizadas** | ***Nóis vai.*** <br> *Caiu na gandaia.* <br> *Ele ficou com cara de tacho.* <br> *Depois **nós se fala**.* <br> ***Menas** gente comprou frutas.* |
| **frases metafóricas** | *A **raposa** daquele advogado **me levou até as calças**.* <br> *O cara ficou tão bravo, mas a mulher soube **amansar o leão**.* |
| **frases metalinguísticas** | *O almoço custou os olhos da cara, **oiTENta reais**!* |
| **frases monorrêmicas** | *Sim.* <br> *Não.* <br> *Que lindo dia!* |
| **frases nominais** (1º tipo; só com nomes) | *Cada macaco no seu galho.* <br> *Entrei: Sala vazia.* |
| **frases nominais** (2º tipo; com verbos de estado) | *A vida **é** bela.* <br> *O homem **é** bom.* |
| **frases onomatopaicas** | *Os que não estão acostumados com a cidade, **pum**, se mete no trânsito [...].* <br> *Chegou à porta: **toque toque**.* |
| **frases optativas** | *Bons olhos o vejam! Boa viagem!* |
| **frases oracionais compostas** | *Papagaio come milho, periquito leva a fama.* <br> *Vendeu tudo que tinha e meteu a cara no mundo.* |
| **frases oracionais simples** | *Um vulto cresce na escuridão.* <br> *O sol nasce para todos.* |
| **frases pleonásticas** | *Ela **via com os olhos** do coração.* <br> ***Falou** e **disse**.* <br> ***Vi com estes olhos** que a terra há de comer.* <br> *Prefiro **mais** laranja.* <br> ***Ver com** bons **olhos**.* |

| | |
|---|---|
| **frases poéticas** (isto é, traduzindo função poética) | *Cresça e apareça!*<br>*Ai ai ai! Carapato não tem pai!*<br>*Não topo aquele horrendo Henrique.* |
| **frases referenciais** | *Ônibus destroçado na rodovia: 13 mortos.*<br>*O filho nasceu ontem na Santa Casa, com dois quilos e meio.* |
| **frases retroalimentadoras** | *Hum hum*<br>*Hum?*<br>*Sim, ok!* |
| **frases rimadas** | *Põe na conta do abreu; se ele não pagar nem eu* |
| **frases suspensas e/ou elípticas** | *- Quem com ferro fere...*<br>*Ficou numa boa...* |
| **frases tipicamente oralizadas** | ***Taí**, cara, **num** era **u qui cê** queria?*<br>*Eu tô qui tô e ela tá qui tá.* |
| **frases topicalizadas à esquerda** (v. frases com deslocação) | ***A Maria**, essa não quer nada com o serviço.*<br>***Eu** agora, cabô desculpa de concurso, né?* |
| **frases unimembres** | *Psiu!*<br>*Ai de mim!*<br>*Socorro!* |
| **frases verbais** | *Um vulto cresce na escuridão.* |
| **frases vocativas** | Loc 1 - ***JoSÉ**!*<br>Loc 2 - *O quê!* |

Esse já significativo número de tipos e de ocorrências exemplifica frases orais, naturalmente dentro de um perfil de espontaneidade, simplicidade e gosto popular. Todavia, a maioria refere-se especificamente à língua oral popular conversacional, registrando-se muito poucas que talvez possam ser enquadradas como vulgares.

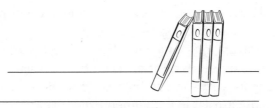

# Comentários finais

A observação direta e atenta de conversações do dia a dia permitiu levantar um significativo repertório de tipos frásicos, usados toda hora pelo falante popular.

Trata-se, pois, de um arrolamento e estudo de evidências empíricas sobre a linguagem cotidiana oral de falantes, normalmente de escolarização média a superior, portanto mista, mas em situações de informalidade e espontaneidade. Tal linguagem oral cotidiana não está presa, ademais, a qualquer forma de planejamento formal ou texto escrito prévio.

Neste momento de encerramento, retomamos e ressaltamos alguns tópicos reputados de maior importância e evidência que gostaríamos que o leitor compartilhasse.

Assim, tentamos que o tecnicismo e quadro teórico de qualquer modelo não interferissem como obstáculo entre o leitor e os nossos objetivos. Ao nos propor observar a forma como o povo fala, tivemos consciência dos riscos próprios e das restrições de teóricos a um trabalho com esse perfil.

Reconhecendo a abrangência do tema, reiteramos que este ensaio pode e, talvez deva, ser complementado por muitos outros, que com ele têm pontos de contato.

Não estavam nos objetivos levantar e discutir comportamentos, como questões de cortesia ou descortesia, por exemplo, encontradas às vezes em trabalhos dessa linha. Limitamo-nos em constatar e arrolar eventualmente algumas *fórmulas corteses* linguísticas de rotina.

Também não nos interessaram explicações e reflexões sobre origem, alterações semânticas, a sabedoria e cultura, religiosidade, humor populares etc., mas sim tão somente "constatação de uso". Aquele tipo de abordagem demandaria inúmeras páginas, pesquisas e indefinições que frustrariam os seus reais objetivos. Será que tópicos dessa natureza interessariam ao uso? Será que o usuário, enquanto tal, precisaria dele para seu desempenho comunicativo?

Ao tentar uma abordagem descritiva de usos de frases, palavras, expressões e modos de dizer do povo, há que se ter em conta, porém, que cada falante tem seu jeito de falar, seus cacoetes linguísticos, tem seu perfil psicológico, o qual se reflete na sua linguagem, particularizando-o em face dos outros falantes. Assim, dentro do natural caráter expressivo da língua falada, há falantes mais hiperbólicos, com frases frequentes como:

> *De uma hora pra outra **tudo** pode acontecer.*
> *O Dr. X tem **mil** aparelhos lá pra examinar **tudo**.*
> *Aquele discurso durou **a vida toda**!*
> *Minha mãe é **a melhor mãe do mundo**.*

E há falantes menos ou mais explosivos, falantes muito ansiosos (daí frequentes sobreposições de vozes com implicação às vezes na compreensão das mensagens), falantes mais tímidos e reservados (de sua boca dificilmente saindo um "palavrão"), que usam rodeios e eufemismos, ainda que populares ou mais "desbocados":

> *Ela anda pulando a cerca* e o marido nem sabe.
> *Ela anda é te corneando.*

O povo fala frequentemente por via indireta e prefere mesmo essa forma, não só no sentido de uso normal de metáforas, mas também de expressões parcial ou totalmente impregnadas de palavras conotativas: *O Peixe morreu na praia* = *O Santos F. C. perdeu o último jogo decisivo.*

Dizer por vias indiretas ou "por outras palavras" é dizer, na linguagem popular, por palavras diferentes (normalmente conotativas) do modo como se diz na linguagem comum. Em geral é fala mais expressiva e muitas vezes até também mais significativa, criativa e inteligente, revestindo-se de maior autenticidade e riqueza verbal.

Nosso livro procura só registrar usos: não condena, não recomenda e não explica. Ao menos é esse o propósito. Os limites ficam por conta do preconceito linguístico de cada um, que os estabelecerá com critério e bom senso de falante integrado no seu respectivo meio e nível. Advirta-se, porém, que o "errado" na língua escrita não é necessariamente errado na língua falada, devidamente contextualizada. Esta tem suas próprias normas (sejam linguísticas ou sociais, como é o caso da "adaptação" ao nível linguístico e social do interlocutor, por exemplo), até pelo fato de se dirigir a interlocutores individualizados.

Dentro desse panorama, espera-se que o presente estudo possa trazer contribuições; ao menos reflexões despreconceituosas sobre a questão. Com efeito, ele não esgota o tema, nem em profundidade nem em abrangência.

Em se tratando da unidade mínima da comunicação diária, demos destaque a uma vasta exemplificação, em conformidade com o empirismo e caráter de constatação dos fenômenos. Essa própria exemplificação, por si só, pode abrir um leque de opções e sugestões de pesquisas dentro da linha da oralidade.

Terminando, pinçamos alguns pensamentos convergentes oportunos de Gilberto Freyre e de Mário Barreto (apud Vilanova, 1977: 43):

> É a massa, o povo, a província..., o próprio analfabeto que dá força aos idiomas, que lhes dá viço, saúde, turbulência, diversidade, tudo que numa língua se opõe aos excessos de graça ou de arte de estilo, de uniformização de pronúncia segundo padrões metropolitanos e acadêmicos, de refinamento da frase. [...]
> Realmente é o povo que faz a língua. A dicotomia – língua falada e língua escrita – existe em todos os povos civilizados. Mas é a língua falada que contribui constante e consideravelmente para o enriquecimento da língua escrita. Daí a afirmação, totalmente justa, de Mário Barreto, em carta dirigida a João Ribeiro: "Um idioma é produto do povo, não um sistema artificial organizado na cabeça de quem quer que seja, e tanto mais autoridade ganha um escritor quanto mais do uso vivo se abeiram os seus escritos, que assim representam o uso de um idioma em uma época determinada. O povo [...] é o nosso soberano mestre de linguagem: suas sentenças são sem apelação e o uso tudo justifica."

Para o homem, sobretudo o homem do povo, que só usa a linguagem como sua necessidade básica de comunicação, essa linguagem é o ar que respira e a extensão de si próprio, do seu próprio ser. E essa necessidade ele a satisfaz por um lado, falando, gesticulando, conversando; por outro, ouvindo, vendo e observando; interagindo, enfim, com seus semelhantes. Entendê-la e usá-la é, pois, uma necessidade da vida pessoal e social. Nesse sentido é que se inscreve o presente livro.

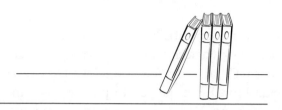

# Posfácio

As pesquisas de língua falada têm atraído, nas últimas décadas, a atenção dos linguistas brasileiros. Assim, no "Projeto de estudo da norma linguística urbana culta" (Projeto NURC) realizado em várias capitais do Brasil, iniciaram-se as análises do grande material recolhido nos vários anos de gravações. Em São Paulo, o *corpus* do Projeto NURC propiciou a realização de outras iniciativas, como a da série "Projetos Paralelos NURC/SP", hoje já com dez livros publicados, em que se vem analisando, não só a língua oral das gravações recolhidas, mas também a interface língua oral/escrita, com uma grande variedade de enfoques.

Hudinilson Urbano é um dos linguistas mais comprometidos com esse trabalho, tendo publicado uma série de artigos sobre diferentes enfoques da língua oral e sua relação com a escrita, como, por exemplo, o estudo dos marcadores conversacionais, dos provérbios, dos recursos de expressividade da língua, do planejamento do texto falado e do escrito, dos diálogos teatrais, da língua falada e sua presença na literatura etc.

Professor de Filologia e Língua Portuguesa da Universidade de São Paulo, todo o seu trabalho no ensino e na pesquisa conserva uma coerência que caracteriza uma atividade científica de alto nível. Neste livro, Urbano oferece, de início, uma visão geral sobre problemas da linguagem, passando por alguns temas, como a teoria da enunciação, a conhecida divisão saussuriana de *langue* e *parole*, as funções da linguagem, o contexto e a situação, a teoria da comunicação e, por fim, o que denomina de "língua falada" e "língua falada conversacional".

Na segunda parte de sua obra, o autor se detém, com ampla exemplificação, nas características gerais e específicas da língua falada, chegando, inclusive, ao problema da metodologia da pesquisa dessa modalidade de língua. Assim, características léxico-semânticas, fonéticas, morfossintáticas e sintáticas são objeto de subcapítulos da obra para, finalmente, entrar no estudo da frase oral, tema principal de seu trabalho. E, nele, principia referindo-se à natural dificuldade de conceituação, para, em seguida, estudar os problemas de como identificar e delimitar esse tipo de frase, bem como as variadas denominações que esse fenômeno linguístico tem propiciado. Em seguida, descreve e comenta largamente os vários tipos de frases orais.

A simples menção do conteúdo desta obra poderia, a princípio, parecer que ele é excessivo para a dimensão de um livro que pretende servir a um leque variado, mas específico, de leitores: alunos de graduação e pós-graduação, professores e pesquisadores de Linguística e Letras. Mas o autor soube realizar os vários capítulos atendendo ao que julga essencial para o seu leitor. E, em nenhum momento, conforme menciona, em várias partes de seu trabalho, pretendeu esgotar os temas abordados, deixando, portanto, possibilidades para uma pesquisa mais pormenorizada dos temas por parte de seu leitor.

Essa abertura do texto, além de configurar uma modéstia própria do verdadeiro pesquisador, constitui também um incentivo constante ao leitor para motivar seu interesse e levá-lo a participar da pesquisa linguística. E, conforme vemos, trata-se, igualmente, de um objetivo didático, que enriquece a descrição dos múltiplos (e, às vezes, tortuosos) caminhos da teoria linguística. Dois aspectos chamam, particularmente, a atenção nesta obra: primeiro, o domínio da teoria examinada, o que, considerando-se a constante renovação das teorias linguísticas, revela a qualidade do pesquisador, que trabalha com uma ampla e atualizada bibliografia; segundo, o grande número de exemplos trazidos para esclarecimento dos temas abordados. E, nesse sentido, o exemplário de frases que, ao final, acompanham o texto, demonstra o cuidado que o autor teve de, ao longo dos anos, na conversação do dia a dia, acumular uma variedade significativa de frases orais, das mais diferentes espécies que, agora, serviram para tornar mais claras as teorias citadas neste volume.

Considerando os limites apontados ao longo da exposição e, por isso mesmo, a consciência de trazer para a obra apenas o essencial das várias teorias examinadas (de conformidade, aliás, com os objetivos da coleção em que o livro se insere), verifica-se que este livro de Hudinilson Urbano não constitui, apenas, uma obra indispensável para os estudiosos do assunto, mas até uma bibliografia recomendável para os que se iniciam no estudo e pesquisa dos problemas linguísticos.

Enfim, o livro confirma, antes de tudo, o bom nome que esse pesquisador granjeou entre os linguistas brasileiros, com tese, livros e artigos publicados ao longo de sua carreira científica no Brasil.

*Dino Preti*

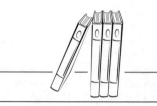

# Bibliografia

BALLY, Charles. *El lenguaje y la vida*. Buenos Aires: Losada, 1967 [1925].

CAMARA JR., Joaquim Mattoso. *Princípios de linguística geral*. 3. ed. rev. e aum. Rio de Janeiro: Acadêmica, 1959.

CARVALHO, José G. Herculano de. *Teoria da Linguagem*. Coimbra: Atlântida, 1970, t. I.

CASTILHO, Ataliba Teixeira de.; PRETI, Dino (org.). *A língua falada culta na cidade de São Paulo: materiais para o seu estudo*. São Paulo: T. A. Queiroz/Fapesp, 1987 (v. 2, Diálogos entre dois informantes).

COELHO, Nelly N. *Literatura e linguagem*. 2. ed. São Paulo: Quiron, 1976.

CRIADO DE VAL, Manuel. *Estructura general del Coloquio*. Madrid: Sociedad General Española de Libreria, 1980.

FIORIN, José Luiz. O que é menos que a parte. *Língua portuguesa* 51, São Paulo: Segmento, jan. 2010, p. 38.

GARCIA, Othon M. *Comunicação em prosa moderna*. 8. ed. rev. Rio de Janeiro: Fundação Getúlio Vargas, 1980.

ILARI, Rodolfo. *Perspectiva funcional da frase portuguesa*. 2. ed. rev. Campinas: Ed. Unicamp, 1992.

ILARI, Rodolfo et al. Considerações sobre a posição dos advérbios. In: CASTILHO, Ataliba Teixeira de. (org.). *Gramática do português falado*. Campinas: Ed. Unicamp/ Fapesp, 1990, pp. 63-141.

KERBRAT-ORECCHIONI, Catherine. *Análise da conversação*: princípios e métodos. São Paulo: Parábola Editorial, 2006.

LEITE, Marli Quadros. Purismo no discurso oral culto. In: PRETI, Dino (org.). *O discurso oral culto*. São Paulo: Humanitas, 2008, pp. 63-90 (v. 2, Projetos Paralelos).

LUFT, Celso Pedro. *Língua & liberdade*: para uma nova concepção da língua materna e seu ensino. Porto Alegre: L&PM, 1985.

MARCUSCHI, Luiz Antonio. *Análise da conversação*. São Paulo: Ática, 1986.

_____. *Da fala para a escrita*. São Paulo: Cortez, 2001.

MARTINS, Nilce Sant'Anna. *Introdução à estilística*: a expressividade na língua portuguesa. São Paulo: T. A. Queiroz, 1989.

ONG, Walter. *Oralidade e cultura escrita*: A tecnologização da palavra. Campinas: Papirus, 1998.

PEREIRA, Ivani Aparecida. *A oralidade letrada de lideranças não escolarizadas*. Campinas, 1997. (Tese de doutorado) – Unicamp.

PONTES, Eunice Souza Lima. *O tempo no português do Brasil*. Campinas: Pontes, 1987.

PRETI, Dino. *A gíria e outros temas*. São Paulo: T. A. Queiroz; Edusp, 1984.

_____. A propósito do conceito de discurso urbano oral culto: a língua e as transformações sociais. In: PRETI, Dino (org.). *O discurso oral culto*. São Paulo: FFLCH/USP, 1997, pp. 17-27. (v. 2, Projetos Paralelos).

_____.Tipos de frame e falantes cultos. In: PRETI, Dino (org.). *Estudos de língua falada*. 2 ed. São Paulo: Humanitas; FFLCH/USP, 1999, pp. 71-86.

_____. *Sociolinguística*: os níveis de fala. São Paulo: Edusp, 2003.

PRETI, Dino; URBANO, Hudinilson. A sobreposição de vozes numa perspectiva psicocultural e interacional. In: PRETI, Dino; URBANO, Hudinilson (orgs.). *A língua falada culta na cidade de São Paulo*. São Paulo: T. A. Queiroz; Fapesp, 1990, pp. 99-137.

REBOUL, Olivier. *O slogan*. São Paulo: Cultrix, 1975.

SACKS, Harvey; SCHEGLOFF, Emanuel A.; JEFFERSON, Gail. Sistemática elementar para a organização da tomada de turnos para a conversa. *Veredas – Revista de Estudos Linguísticos*. Universidade de Juiz de Fora. V. 7, n. 11, jan/dez 2003, pp. 11-73.

SAID ALI, Manuel. *Meios de expressão e alterações semânticas*. Fundação Getúlio Vargas, 1970.

TAGNIN, Stella O. *Expressões idiomáticas e convencionais*. São Paulo: Ática, 1989.

TOGNOLI, Claudio. *A sociedade dos chavões*: presença e função do lugar-comum na comunicação. São Paulo: Escrituras, 2001.

URBANO, Hudinilson. A margem de "A margem da dupla articulação" de Martinet. Elementos para um estudo de paralinguística. *Língua e Literatura* 3, 1974, pp. 101-34.

_____. Marcadores conversacionais. In: PRETI, Dino (org.). *Análise de Textos Orais*. São Paulo: FFLCH/USP, 1993, pp. 81-101. (v. 1, Projetos Paralelos).

_____. Marcadores conversacionais: o caso do *né*? XXXIII *Anais do Grupo de Estudos Linguísticos do Estado de São Paulo*. São Paulo: CNPq, 1994, pp. 1430-7.

_____. A expressividade na língua falada das pessoas cultas. In: PRETI, Dino (org.). *Discurso oral culto*. 2. ed. São Paulo: Humanitas; FFLCH/USP, 1999, pp. 115-39. (v. 2, Projetos Paralelos)

_____. *A oralidade na escrita*: o caso Rubem Fonseca. São Paulo: Cortez, 2000.

_____. O uso e abuso dos provérbios. In: PRETI, Dino (org.). *Interação na fala e na escrita*. São Paulo: Humanitas; FFLCH/USP, 2005, pp. 253-321. (v. 5, Projetos Paralelos).

_____. Usos da linguagem verbal. In: PRETI, Dino (org.). *Oralidade em diferentes discursos*. São Paulo: Humanitas, 2006, pp. 18-55. (v. 8, Projetos Paralelos).

_____. *Um aspecto na fraseologia popular*: frases feitas, expressões fixas. Rio de Janeiro: Academia Brasileira de Letras. Seminário Brasil, Brasis, 2008.

_____. Da fala para a escrita: o caso dos provérbios e expressões populares. *Revista Investigações e Teoria Literária*. Recife: Ed. da UFPE, 2009, v. 21 (em homenagem a Marcuschi).

VANOYE, Francis. *Usos da linguagem*: problemas e técnicas na produção oral e escrita. Tradução e adaptação Clarisse Madureira Saboia et al. São Paulo: Martins Fontes, 1979.

VILANOVA, José Brasileiro. *Aspectos estilísticos da língua portuguesa*. Recife: Casa da Medalha, 1977.

WARD, Teresinha Souto. *O discurso oral em Grande sertão: veredas*. São Paulo: Duas Cidades; Brasília: INL, Fundação Pró-Memória, 1984.

## Dicionários e gramáticas

BECHARA, Evanildo. *Lições de português pela análise sintática*. 10. ed. Rio de Janeiro: Grifo, 1976.

_____. *Moderna gramática portuguesa*. 37. ed. Rio de Janeiro: Lucerna, 1999.

BORBA, Francisco da Silva. *Pequeno vocabulário de linguística moderna*. São Paulo: Nacional; Edusp, 1971.

CAMARA JR., Joaquim Mattoso. *Dicionário de Filologia e Gramática referente à língua portuguesa*. 2. ed. rev. Rio de Janeiro/São Paulo: J. Ozon Editor, 1964.

CASTILHO, Ataliba Teixeira de. _____. *Nova gramática do português brasileiro*. São Paulo: Contexto, 2010.

CUNHA, Celso; CINTRA, Lindley. *Nova gramática do português contemporâneo*. Rio de Janeiro: Nova Fronteira, 1985.

FERREIRA, Aurélio B. de Holanda. *Novo dicionário Aurélio da língua portuguesa*. 4. ed. Curitiba: Ed. Positivo, 2009.

FONTES FILHO, Aristides. *O dito pelo não dito:* dicionário de expressões idiomáticas. São Paulo: Libra Três, 2006.

MELLO, Nélson Cunha. *Conversando é que a gente se entende*: dicionário de expressões coloquiais brasileiras. Prefácio de Evanildo Bechara. São Paulo: Leya, 2009.

MIRA MATEUS, Maria Helena et al. *Gramática da língua portuguesa*. Coimbra: Almedina, 1983.

MOURA, Ivone de. *Por outras palavras. Dicionário das frases idiomáticas na língua portuguesa*. Lisboa: Edições Ledo, 1995.

NASCENTES, Antenor. *Tesouro da fraseologia brasileira*. 2. ed. Rio de Janeiro; São Paulo: Freitas Bastos, 1960.

NEVES, Maria Helena de Moura. *Guia de usos do português*: confrontando regras e usos. São Paulo: Ed. Unesp, 2003.

RIBEIRO, João. *Frases feitas*: estudo conjetural de locuções, ditados e provérbios. São Paulo; Belo Horizonte: Francisco Alves, 1960.

SERRA e GURGEL, João Bosco. *Dicionário de gíria*: o equipamento linguístico falado do brasileiro. 6. ed. Belo Horizonte: Saraiva, 1998.

VIOTTI, Manuel. *Novo dicionário da gíria brasileira*. 2. ed. São Paulo: Bentivegna, 1956 [1945].

WERNECK, Humberto. *O pai dos burros*. Dicionário de lugares-comuns e frases feitas. Porto Alegre: Arquipélago Editorial, 2009.

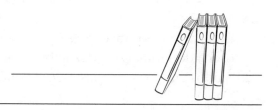

## O autor

**Hudinilson Urbano** é doutor em Letras na área de Filologia e Língua Portuguesa pela Faculdade de Filosofia, Letras e Ciências Humanas, e bacharel em Ciências Jurídicas e Sociais pela Faculdade de Direito, ambas da Universidade de São Paulo (USP). Tem-se dedicado ao estudo específico da língua falada, com participação ativa dentro do Projeto NURC/SP (Núcleo USP) e Projeto da Gramática do Português Falado no Brasil. Nos dois projetos, bem como em revistas, congressos e simpósios especializados, realizou e publicou, individualmente ou em coautoria, pesquisas sobre estratégias e mecanismos de produção do texto oral.

Paralelamente, tem-se dedicado também a pesquisas e publicações sobre a relação língua falada e língua escrita. Nessa linha de estudos, criou, em 1993, a disciplina *A oralidade na escrita*, em nível de pós-graduação.

Foi responsável por várias publicações como coorganizador.

Embora aposentado há mais de dez anos, continua orientando pós-graduandos em nível de mestrado e doutorado.

**CADASTRE-SE** no site da Editora Contexto para receber nosso boletim eletrônico **circulando o saber** na sua área de interesse e também para acessar os conteúdos exclusivos preparados especialmente para você. **www.editoracontexto.com.br**

- HISTÓRIA
- LÍNGUA PORTUGUESA
- GEOGRAFIA
- FORMAÇÃO DE PROFESSORES
- MEIO AMBIENTE
- INTERESSE GERAL
- EDUCAÇÃO
- JORNALISMO
- FUTEBOL
- ECONOMIA
- TURISMO
- SAÚDE

CONHEÇA os canais de comunicação da Contexto na web e faça parte de nossa rede
twitter YouTube flickr facebook orkut **www.editoracontexto.com.br/redes/**

**editora contexto**
Promovendo a Circulação do Saber

**GRÁFICA PAYM**
Tel. (011) 4392-3344
paym@terra.com.br